Fondue & Feuertopf

100 Rezepte für alle Jahreszeiten

Arlette Sirot besitzt mehrere ausgezeichnete Restaurants in Südfrankreich. Sie schreibt regelmäßig für Feinschmeckermagazine und hat zahlreiche erfolgreiche Kochbücher veröffentlicht.

Die französischsprachige Erstausgabe ist unter dem Titel »Fondues délices« bei der Édition Minerva erschienen.

Satz: typocepta, Köln
Gesetzt aus der Fedra und der Neutraface
Printed in Italy

ISBN 978-3-941087-45-3

www.jacobystuart.de

Arlette Sirot

Fondue & Feuertopf

100 Rezepte für alle Jahreszeiten

Fotos Françoise Nicol

Foodstyling Julie Schwob

Aus dem Französischen von Barbara Holle

Verlagshaus Jacoby Stuart

Inhalt

Sommerliche Bouillonfondues

Asiatische Varianten

Sommerliche Gemüsefondues

Süße Fondues

Brot und Gebäck zum Tunken

Saucen

* Alle mit Sternchen markierten Zutaten werden in der Kleinen Warenkunde (s. S. 159) erklärt.

Die wichtigste Grundzutat des Fondues ist geselliges Beisammensein, ob im Sommer auf der Terrasse oder im Winter am Kamin! Alle Zutaten werden auf dem Tisch rund um den Rechaud verteilt. Die Gäste nehmen an der Zubereitung der Mahlzeit teil, können ihre Lieblingszutaten auswählen und kreieren so ihr ganz eigenes Fondue. Und Sie können sich entspannt Ihren Gästen widmen, da die lästige Lauferei in die Küche entfällt. Merke: Mit einem Fondue wird jede Einladung zu einem Erfolg.

Vorwort - unbedingt lesen!

Ein altes Vorurteil in unseren Breitengraden besagt, dass Fondues Wintergerichte sind. Weit gefehlt, gerade das Fondue und der asiatische Feuertopf eignen sich besonders zum Genießen in geselliger Runde auf der Terrasse, dem Balkon oder im Garten. Ja, tatsächlich machen Fondues im Freien viel weniger Aufwand als das so beliebte Grillfest. Grundsätzlich kann natürlich jedes Fondue und jeder Feuertopf zu jeder Jahreszeit serviert werden. Aber einige der Rezepte eignen sich eben ganz besonders für den Sommer, andere ganz besonders für den Winter. Deshalb hat dieses Buch neben den üblichen Kochbuchregistern ein Jahreszeitenregister (s. S. 154). Bitte schauen Sie sich die Empfehlungen einfach an, bevor Sie sich für ein bestimmtes Rezept entscheiden.

Ein traditionelles europäisches Fondue ohne Brot wäre nur das halbe Vergnügen. Doch warum immer nur Baguette oder Landbrot zum Fondue servieren? Damit Sie auf unkomplizierte Weise für Abwechslung sorgen können, gibt es im Kapitel Brot und Gebäck zum Tunken (s. S. 118) eine große Auswahl an Rezepten für verschiedene Brot- und Toastsorten, süße und salzige Cakes oder auch kleine Kuchen, Madeleines, Waffeln und viele andere Leckereien, die sich wunderbar zum Tunken eignen. Und – last but not least – ist kein Fondue und kein Feuertopf ohne Saucen denkbar. Deshalb finden Sie in diesem Buch ein ausführliches Saucenkapitel ab S. 148, das ganz einfache traditionelle Rezepte, aber auch schwierigere, eher ungewöhnliche Saucenrezepte enthält. Zudem gibt es Anregungen und Ideen für die jeweils passende Beilage oder den passenden Salat. Lassen Sie sich inspirieren!

Das Käsefondue – ein absoluter Klassiker

Ob das Käsefondue nun tatsächlich in Savoyen erfunden wurde, wie ein jeder Franzose glaubt, ist höchst umstritten, denn auch die Schweizer beanspruchen die Urheberschaft für sich. Tatsache ist, dass sowohl die klassischen Fondues der Schweizer – Fondue Valaisanne und Fondue Fribourgeoise – als auch die französischen Varianten hervorragend munden. Ein weiterer Streit herrscht zwischen Puristen und Freunden der Vielfalt: Es geht dabei um die Frage, ob bei der Zubereitung eines Fondues nun lediglich eine einzige oder mehrere Käsesorten verwendet werden dürfen. Auch da sei empfohlen, beide Varianten zu probieren!

Jedenfalls gilt es neben den klassischen Käsefondues noch eine Vielzahl anderer Fondue-Rezepte und -Regionen kennenzulernen, und dabei wird Ihnen dieses Buch helfen.

Tricks und Kniffe beim Käsefondue

- Traditionell wird das Käsefondue im Caquelon serviert, einem emaillierten gusseisernen Fonduetopf, den man auf einen Spiritus-Rechaud mit regelbarer Flamme stellt. Verwenden Sie die langen zweizinkigen Fonduegabeln mit Widerhaken.
- Stets mit einem Holzlöffel oder -spatel umrühren und dabei eine Acht beschreiben, so als »machten Sie Bauchtanz«, wie es in Savoyen heißt.
- Bindet das Fondue nicht richtig, einen Teelöffel Speisestärke in Weißwein anrühren, ein paar Tropfen Zitronensaft hinzufügen und die Stärke unter das Fondue rühren. Anschließend den Topf auf den Herd stellen und das Fondue noch einmal aufkochen lassen, bevor Sie es wieder auf den Rechaud stellen.
- Ist das Fondue zu dünnflüssig, die Flamme des Rechauds herunterregeln und langsam etwas in Kirschwasser oder Weißwein angerührte Speisestärke und eine Handvoll geriebenen Käse hinzufügen und dabei kräftig rühren.
- Ist das Fondue zu dickflüssig, die Flamme des Rechauds etwas höher regulieren, etwas Weißwein hinzufügen und dabei kräftig rühren.
- Ein Gläschen Kirschwasser, ein Gläschen Calvados oder ein Grappa zwischendurch machen das Käsefondue viel leichter verdaulich, so heißt es jedenfalls ...
- Und wenn der Topf fast leer ist, ein Ei hineinschlagen und mit dem restlichen Käse verrühren. Es bildet sich dann eine cremige und zugleich knusprige Kruste, in Frankreich »la religieuse« (das Nönnchen) genannt. Diese Kruste sollten Sie sich nicht entgehen lassen!

Europäische Fondues

Die klassischen Fleischfondues, die mit Öl zubereitet werden, wie das berühmte Fondue Bourguignonne, können nach Belieben, etwa mit Fisch oder Schalentieren, abgewandelt werden. Ihrer Phantasie sind keine Grenzen gesetzt! Bouillonfondues haben sogar einen »Mehrfachnutzen«, denn Sie können beispielsweise das Gemüse oder das Fleisch, mit dem Sie die Brühe zubereitet haben, zum Fondue servieren oder das Fleisch später für ein anderes Gericht verwenden. Und Sie können die Brühe, sei sie aus Fleisch, Fisch oder Gemüse, als krönenden Abschluss des Mahls trinken – ein Hochgenuss! Bouillonfondues können zwar ebenfalls im klassischen Fonduetopf serviert werden, ich bevorzuge allerdings einen Wok oder einen elektrischen Reiskocher, wie man ihn in Asialäden bekommt. Freunde der vegetarischen Küche werden sich für die Gemüsefondues begeistern. Lassen Sie sich doch mal von einer Bagna cauda mit rohem Gemüse, einer Spezialität aus dem Piemont, verführen!

Der asiatische Feuertopf

In vielen Ländern Ostasiens, etwa in China, Thailand, Japan oder der Mongolei, gehören Fondues, dort allerdings unter dem Namen Feuertopf, zur Alltagsküche – und zwar das ganze Jahr über! Der Feuertopf wird in der Regel mit einer Bouillon zubereitet, in die man Fleisch, Fisch oder Gemüse in kleinen Edelstahlsieben zum Garen taucht. In Asien legt man großen Wert auf eine ansprechende Präsentation der Speisen. Eine wahllose Mischung aus Gemüse, Fisch und Fleisch kommt hier nicht auf den Tisch. Vielmehr wird das Gemüse appetitlich zurechtgeschnitten und beim Anrichten farblich harmonisch aufeinander abgestimmt. Und auch die hauchdünn geschnittenen Fisch- oder Fleischfilets werden mit viel Liebe auf Platten oder in kleinen Körben angerichtet und mit Kräutern garniert. Vor der Gaumenfreude steht hier also erst einmal der Augenschmaus.

Süße Fondues

Auch die unvergleichlichen süßen Fondues, die garantiert immer gelingen und so gut wie keine Vorbereitungszeit brauchen, sollten Sie unbedingt probieren. Servieren Sie dazu eine reichhaltige Auswahl an Früchten in mundgerechten Stücken. Die kleinen wie die großen Leckermäuler werden Ihnen für ein Schokoladen- oder Karamellfondue oder ein Englisches Sommerfondue auf immer dankbar sein!

Mit einem Fondue wird jede Einladung zum Erfolg

Sie sehen also: Mit einem Fondue haben Sie in jeder Hinsicht freie Hand – nicht nur bei der Zubereitung, sondern auch bei den Zutaten – und können nach Lust und Laune die verschiedensten Zutaten kombinieren. Besonders eignet sich ein Fondue oder Feuertopf natürlich für ein entspanntes geselliges Beisammensein, aber auch bei festlichen Anlässen können Sie Fondues servieren: Mit auserlesenen Ingredienzen wie Foie gras, Austern oder Trüffeln werden Sie selbst den verwöhntesten Gourmet begeistern.

Lassen Sie sich und Ihre Gäste von den wunderbaren Fondues dieses Buches überraschen und verführen.

Guten Appetit!

Käsefondues

FÜR 6 PERSONEN
ZUBEREITUNG: 15 MINUTEN
KOCHZEIT: 15 MINUTEN

400 g Beaufort* (ein Jahr alt)
100 g Comté*
90 g Tamié* (oder Reblochon*)
600 ml Champagner
80 g frische Trüffeln
frisch gemahlener Pfeffer
2 Tropfen Tabasco
französisches Landbrot vom Vortag oder Cake mit Champignons, in Würfel geschnitten

Champagnerfondue

1 Die Käsestücke entrinden. Den Beaufort und den Comté in Streifen, den Tamié (oder Reblochon) in große Würfel schneiden.

2 Den Käse in eine gusseiserne Stielkasserolle geben und den Champgner darübergießen. Den Deckel auflegen und den Käse auf dem Herd bei geringer Hitze schmelzen lassen. Dabei gelegentlich mit einem Holzlöffel umrühren.

3 Die Trüffeln nicht waschen, aber sehr sorgfältig abbürsten und sehr fein hacken.

4 Sobald der Käse geschmolzen ist, die fein gehackte Trüffel hinzufügen und mit Pfeffer und Tabasco abschmecken.

5 Die Kasserolle auf einen Rechaud stellen und kurz weiterrühren, das Fondue bei geringer Hitze warm halten.

6 Die Brotwürfel auf Fonduegabeln spießen und in die Käsemasse tunken.

Dazu servieren Sie den Champagner der Marke, die Sie auch für das Fondue verwendet haben sowie einen grünen Salat mit einer milden Sauce.
Besonders gut passt der Cake mit Champignons (s. S. 122).
Dieses festliche Fondue passt in jede Jahreszeit!

Piemontesisches Fondue

FÜR 4 PERSONEN ● ZUBEREITUNG: 10 MINUTEN ● KOCHZEIT: 15 MINUTEN

400 g Fontina*
250 ml Milch
3 Eigelb
50 g weiche Butter
Salz
frisch gemahlener Pfeffer
2 weiße Trüffeln (nach Belieben)
frisches Baguette, in große Würfel geschnitten

1 Den Käse entrinden, würfeln und in eine Schüssel geben. Mit der kalten Milch bedecken und 2 bis 3 Stunden bei Zimmertemperatur ruhen lassen.

2 Die Schüssel in ein Wasserbad stellen. Die Eigelb und die Butter unter den Käse rühren und mit wenig Salz und reichlich Pfeffer würzen.

3 Die Trüffeln nicht waschen, aber sehr sorgfältig abbürsten und in hauchdünne Scheiben hobeln.

4 Sobald der Käse geschmolzen und cremig ist, die Käsemasse auf vier tiefe vorgewärmte Teller verteilen, mit den Trüffelnscheiben bestreuen und mit den Brotwürfeln genießen.

●

Dazu servieren Sie einen gemischten Salat (ohne Zwiebeln) mit einer sauer angemachten Vinaigrette.

Genfer Fondue

FÜR 4 PERSONEN ● ZUBEREITUNG: 10 MINUTEN ● KOCHZEIT: 15 MINUTEN

1 Die Eigelb und den geriebenen Käse in einem Keramikfonduetopf verrühren. Die Butter in kleinen Stücken hinzufügen und mit Zucker, Muskatnuss, Pfeffer und etwas Salz abschmecken.

2 Den Topf auf den Herd stellen und die Mischung bei geringer Hitze binden lassen. Dabei ständig mit einem Holzlöffel umrühren.

3 Sobald die Masse glatt wird, die Sahne hinzufügen und dabei ständig weiterrühren, bis sich alles gut verbunden hat.

4 Den Topf auf einen Rechaud stellen und das Fondue bei geringster Hitze warm halten.

5 Die Brotwürfel auf Fonduegabeln spießen und in die Käsemasse tunken.

400 g geriebener Käse (Emmentaler oder Greyerzer)
8 Eigelb
150 g Butter
1 Prise Zucker
1 Messerspitze geriebene Muskatnuss
frisch gemahlener Pfeffer
Salz
100 g Sahne
französisches Landbrot vom Vortag oder Maisbrot oder Feigenbrot, in Würfel geschnitten

●

Dazu servieren Sie eine reiche Auswahl an Mixed Pickles, sauren Gürkchen und eingelegtem Gemüse.
Das Maisbrot (s. S. 131) passt sehr gut zu diesem Fondue. Dasselbe gilt für das Feigenbrot (s. S. 132), dann sollten Sie allerdings einen einfachen grünen Salat mit einem Zitronendressing dazu reichen.

Fondue Ali Baba

FÜR 4 PERSONEN
ZUBEREITUNG: 15 MINUTEN
KOCHZEIT: 15 MINUTEN

250 g geriebener Emmentaler
100 g Trüffeln
100 g weiche Butter
10 Eier
frisch gemahlener Pfeffer
Salz
Saft einer 1/2 Zitrone
französisches Landbrot vom Vortag oder Mais- oder Vollkornbrot, in Würfel geschnitten

1 Die Trüffeln nicht waschen, aber sehr sorgfältig abbürsten und sehr fein hacken. 50 g Butter in einer Pfanne erhitzen und die Trüffeln unter ständigem Rühren etwa 5 Minuten darin anschwitzen. Die Pfanne vom Herd nehmen und beiseitestellen.

2 Die Eier trennen. Die Eiweiß in einer Schüssel steif schlagen, die Eigelb verquirlen und mit der restlichen, in kleine Stücke zerteilten Butter, dem Käse und den Trüffeln unter den Eischnee heben.

3 Die Mischung in einen Keramikfonduetopf füllen, auf einen Rechaud stellen und kräftig mit dem Schneebesen aufschlagen.

4 Sobald die Masse cremig wird, die Wärmezufuhr reduzieren und dabei ständig weiterschlagen, damit sich keine Klümpchen bilden. Mit Pfeffer und etwas Salz abschmecken und den Zitronensaft einrühren. Die Masse dann bei geringster Hitze warm halten.

5 Die Brotwürfel auf Fonduegabeln spießen und in die Käsecreme tunken.

Dazu servieren Sie einen Tomatensalat mit Frühlingszwiebeln – angemacht mit Himbeeressig und Olivenöl. Frisches Maisbrot (s. S. 131) oder mindestens einen Tag altes Vollkornbrot (s. S. 133) passen sehr gut zu diesem Fondue.

Savoyer Fondue

Das klassische Käsefondue

FÜR 4 PERSONEN
ZUBEREITUNG: 10 MINUTEN
KOCHZEIT: 25 MINUTEN

800 g Beaufort* (400 g reifer, salziger Beaufort und 400 g fruchtiger Beaufort)
1 Knoblauchzehe
1/2 TL Maisstärke
500 ml Apremont*
Salz
frisch gemahlener Pfeffer
geriebene Muskatnuss
2 cl Kirschwasser
frisches Baguette oder Vollkornbrot vom Vortag, in Würfel geschnitten

1 Den Beaufort in feine Streifen schneiden.

2 Eine Stielkasserolle aus glasiertem Ton mit der geschälten Knoblauchzehe kräftig ausreiben. Den Käse bei geringer Hitze darin schmelzen. Die Maisstärke mit dem Wein anrühren und den Wein in den Topf gießen.

3 Mit einem Holzkochlöffel so lange rühren (dabei immer eine Acht beschreiben), bis sich der Käse und der Wein vollständig verbunden haben.

4 Mit Salz, Pfeffer und Muskatnuss abschmecken. Ist der Käse bereits sehr reif, das Fondue nur mit Muskat abschmecken und Salz und Pfeffer weglassen.

5 Die Kasserolle auf einen angezündeten Spiritusrechaud stellen. Sobald der Käse vollständig geschmolzen ist, das Kirschwasser einrühren.

6 Die Brotwürfel mit der Fonduegabel tief in den Käse eintauchen und die Masse dabei umrühren und vom Topfboden losen, damit sie nicht anhängt oder anbrennt und der Geschmack des Fondues beeinträchtigt wird. Wenn der Käse eine goldbraune Farbe annimmt, teilt man ihn traditionell unter den Gästen auf und schlägt eventuell noch ein Ei hinein.

Dazu servieren Sie eine reiche Auswahl an Mixed Pickles, sauren Gürkchen und eingelegtem Gemüse. Besonders gut passt frisches Baguette, aber auch Vollkornbrotwürfel (s. S. 133) sind zu empfehlen.

Fondue fifty-fifty

Das Fondue mit der Schweizer Note!

FÜR 4 PERSONEN ● ZUBEREITUNG: 15 MINUTEN ● KOCHZEIT: 10 MINUTEN

400 g Greyerzer
400 g Vacherin*
1 Knoblauchzehe
1 EL Kartoffelstärke
300 ml trockener Weißwein
Salz
frisch gemahlener Pfeffer
2 cl Kirschwasser
frisches Baguette oder Maisbrot, in große Würfel geschnitten

1 Den Greyerzer reiben und den Vacherin in Würfel schneiden.

2 Den Knoblauch schälen und einen Keramikfonduetopf damit ausreiben. Die Stärke mit dem Weißwein anrühren und in den Topf gießen. Den Topf auf den Herd stellen, den Wein bei mittlerer Hitze aufkochen und den geriebenen Käse nach und nach hinzufügen.

3 Sehr sparsam salzen, pfeffern und mit dem Kirschwasser aromatisieren.

4 So lange mit einem Holzspatel rühren (dabei immer eine Acht beschreiben), bis die Mischung eine sämige Konsistenz hat. Dabei darauf achten, dass sie nicht kocht.

5 Den Fonduetopf auf einem Rechaud in die Mitte des Tisches stellen und die Flamme sehr klein halten. Die Brotwürfel auf Fonduegabeln spießen und in den Käse tauchen.

●

Dazu servieren Sie einen knackigen Salat (ohne Zwiebeln) mit einer sauer angemachten Vinaigrette und den Weißwein, den Sie für das Fondue verwendet haben.
Besonders gut passt das Maisbrot (s. S. 131).

600 g Käse (halb Greyerzer, halb Emmentaler)
1 Knoblauchzehe
400 ml Fendant* oder ein anderer fruchtiger Weißwein
2 cl Kirschwasser
1 TL Kartoffelstärke
1 Messerspitze geriebene Muskatnuss
Pfeffer
Salz
französisches Landbrot vom Vortag oder Kürbisbrot,
in große Würfel geschnitten, oder aber pikante Madeleines

Waadtländer Fondue

FÜR 4 PERSONEN ● ZUBEREITUNG: 10 MINUTEN ● KOCHZEIT: ETWA 20 MINUTEN

1. Die Knoblauchzehe schälen und einen Keramikfonduetopf damit ausreiben. Den in Streifen geschnittenen Käse hineingeben und den Weißwein in den Topf gießen.
2. Den Käse bei geringer Hitze schmelzen und dabei ständig mit einem Holzlöffel umrühren (dabei immer eine Acht beschreiben). Sobald die Masse kocht, die mit dem Kirschwasser angerührte Kartoffelstärke hinzufügen.
3. Mit Muskatnuss und Pfeffer würzen und mit sehr wenig Salz abschmecken.
4. Die Flamme des Rechauds so einstellen, dass das Fondue heiß bleibt, aber nicht kocht.
5. Die Brotwürfel auf Fonduegabeln spießen und in den Käse tauchen.

●

Dazu servieren Sie einen mild angemachten Gurkensalat (ohne Zwiebeln) und den Weißwein, den Sie für das Fondue verwendet haben.
Versuchen Sie hierzu einmal das Kürbisbrot (s. S. 126) oder aber die Madeleines mit getrockneten Tomaten (s. S. 143) – eine herrliche Kombination!

FÜR 4 BIS 6 PERSONEN
ZUBEREITUNG: 15 MINUTEN
KOCHZEIT: 25 MINUTEN

1/2 Camembert
1/2 Livarot*
1/2 Pont-l'Évêque*
500 ml herber Cidre
100 ml Milch
50 g Sahne
frisch gemahlener Pfeffer
2 cl Calvados
französisches Landbrot oder Mais- oder Vollkornbrot oder Früchtecake, in große Würfel geschnitten

Normannisches Sommerfondue

1 Von allen Käsestücken die Rinde ein wenig abkratzen und die Stücke in Würfel schneiden.

2 Den Cidre in eine große Stielkasserolle gießen und aufkochen. Die Wärmezufuhr verringern und den Käse, die Milch und die Sahne hinzufügen.

3 Bei geringer Hitze so lange rühren, bis der Käse geschmolzen ist. Mit Pfeffer würzen und den Calvados hinzufügen.

4 Die Kasserolle auf den Rechaud stellen. Die auf Fonduegabeln gesteckten Brotwürfel in die Käsemasse tauchen, dabei den Käse immer wieder umrühren.

Zu diesem sommerlichen Käsefondue servieren Sie einen knackigen Salat mit einer milden Vinaigrette. Und natürlich Cidre.
Das Maisbrot (s. S. 131) und das Vollkornbrot (s. S. 133) passen sehr gut zu diesem Fondue. Und der Früchtecake (s. S. 121) verleiht ihm eine ganz besondere Note. Probieren Sie es aus!

Fondue Fribourgeoise

FÜR 6 PERSONEN ● ZUBEREITUNG: 10 MINUTEN ● KOCHZEIT: ETWA 15 MINUTEN

800 g Vacherin* (nach Möglichkeit aus dem schweizer Kanton Freiburg)
1 Knoblauchzehe
20 g Butter
200 ml Wasser
Salz
frisch gemahlener Pfeffer
frisches Baguette, in große Würfel geschnitten oder 20–30 kleine Kartoffeln mit Schale gekocht
Kirschwasser oder Branntwein

1. Die Knoblauchzehe schälen und einen Keramikfonduetopf kräftig damit ausreiben. Den Topf anschließend mit der Butter einfetten.
2. Den Käse kleinschneiden und in den Topf geben.
3. Das Wasser angießen, den Topf auf den Herd stellen, den Käse bei geringer Hitze mit einer Gabel zerdrücken und so lange mit einem Holzlöffel rühren (dabei immer eine Acht beschreiben), bis eine glatte Creme entstanden ist.
4. Mit wenig Salz und reichlich Pfeffer würzen.
5. Das Fondue darf nicht kochen, weil es sonst sofort gerinnt. Den Topf auf den Rechaud stellen. Die Hitze so gering halten, dass das Fondue gerade heiß bleibt.
6. Mit den aufgespießten Kartoffeln oder Brotwürfeln sollten Sie das Fondue bei jedem Eintauchen gut umrühren. Hin und wieder können Sie die Brotwürfel ganz kurz in Kirschwasser oder Branntwein dippen, bevor Sie sie in das Fondue getaucht werden.

● Dazu servieren Sie eine reiche Auswahl an Mixed Pickles, saure Gürkchen und eingelegtem Gemüse.

FÜR 4–6 PERSONEN
ZUBEREITUNG: 15 MINUTEN

1 Vacherin d'Abondance*
in der Spanschachtel
Weißwein
20–30 kleine Kartoffeln, mit Schale gekocht
geriebene Muskatnuss

1 Den Deckel von der Käseschachtel abnehmen. Den Käse kreuzweise einritzen, mit etwas Weißwein begießen und 10–15 Minuten mit der Schachtel in den 180 °C heißen Backofen stellen, bis der Käse Blasen wirft. Den Käse dabei ständig überwachen, denn die Kochzeit kann je nach Herd variieren. Das Rezept ist übrigens nicht für die Zubereitung im Umluftherd geeignet!

2 Den Käse aus dem Ofen nehmen und in der Schachtel servieren. Bei Tisch tunkt entweder jeder seine Kartoffeln in den Käse oder jeder nimmt sich mit einem Löffel davon und genießt den geschmolzenen Käse mit heißen oder lauwarmen Pellkartoffeln und etwas geriebener Muskatnuss.

Fondue in der Schachtel

FOTO SIEHE FOLGENDE DOPPELSEITE

Dazu servieren Sie einen frischen Gurkensalat in einer Dill-Sahnesauce.

Fondue mit zartschmelzenden Käsewürfeln

FÜR 4 PERSONEN
ZUBEREITUNG: 30 MINUTEN
KOCHZEIT: 10 MINUTEN
RUHEZEIT: 2 STUNDEN

100 g geriebener Emmentaler
100 g geriebener Parmesan
4 Eier
100 g Butter
100 g Mehl
500 ml Milch
Salz
frisch gemahlener Pfeffer
Cayennepfeffer
Mehl
Paniermehl (aus Toastbrot)
Öl zum Frittieren
1 Bund krause Petersilie

1 Die Eier trennen und die Eiweiß kalt stellen.

2 Aus Butter, Mehl und Milch eine sehr glatte und sehr dicke Bechamelsauce zubereiten und mit Salz, Pfeffer und Cayennepfeffer abschmecken.

3 Den Topf vom Herd nehmen, die Eigelb und danach den geriebenen Käse kräftig unterrühren. Eine große Auflaufform mit Butter einfetten und mit Mehl ausstäuben. Die Masse einfüllen und gleichmäßig gut 1 cm hoch verstreichen. Mit Frischhaltefolie abdecken und abkühlen lassen. Die Form anschließend mindestens 2 Stunden in den Kühlschrank stellen.

4 Die Masse, sobald sie fest ist, in 3–4 cm große Quadrate schneiden.

5 Etwas Mehl, die leicht verquirlten Eiweiß und das Paniermehl jeweils auf tiefe Teller verteilen.

6 Die Käsewürfel zunächst im Mehl, anschließend im Eiweiß und zum Schluss im Paniermehl wenden.

7 Das Öl in einem Fonduetopf sehr heiß werden lassen. Jeweils 2 bis 3 Käsewürfel hineingeben und 2–3 Minuten frittieren, bis sie außen goldbraun und innen heiß und weich sind.

8 Die Petersilie von den Stielen befreien, waschen, gut trocknen, im heißen Öl frittieren und zu den Käsewürfeln servieren.

Dazu servieren Sie einen Tomatensalat mit Basilikum. Ein fabelhaftes Sommerfondue!

250 g Fontina*
250 ml Milch
4 Eigelb
40 g Butter
Salz
frisch gemahlener Pfeffer
1 Messerspitze geriebene Muskatnuss
1 Ciabatta-Brot oder Baguette
1 weiße Trüffel (nach Belieben)

Italienische Fonduta

FÜR 4 PERSONEN ● ZUBEREITUNG: 15 MINUTEN ● KOCHZEIT: 15 MINUTEN

1 Den Käse in Würfel schneiden, in einen Keramikfonduetopf geben, 200 ml Milch hinzufügen und 1 Stunde bei Zimmertemperatur ruhen lassen.

2 Die Eigelb mit der restlichen Milch verquirlen. Die Butter bei geringer Hitze zerlassen.

3 Den Käse bei geringer, aber nicht zu geringer Hitze unter Rühren schmelzen (die Masse darf zwischendurch auf keinen Fall wieder abkühlen, die Hitze muss also konstant und das Rühren bedächtig sein).

4 Nun die Eigelb und die zerlassene Butter abwechselnd unter den Käse rühren. Mit Salz, Pfeffer und Muskatnuss abschmecken und so lange bei geringer Hitze weiterrühren, bis eine glatte, glänzende Creme entstanden ist.

5 Das Brot in dicke Scheiben schneiden und rösten.

6 Unmittelbar vor dem Servieren gegebenenfalls noch die Trüffel über das Fondue hobeln.

7 Die gerösteten Brotscheiben in den Käse tunken.

Dazu servieren Sie einen italienischen Bauernsalat aus Paprikaschoten, Mais, roten Bohnen, schwarzen Oliven, Frühlingszwiebeln und Knoblauchzehen – angemacht mit Salz, Pfeffer, Balsamico und Olivenöl.
Außerdem passen auch rohe Gemüsesticks zum Dippen ganz hervorragend zu diesem typisch italienischen Fondue. Buon appetito!

450 g Fontina*
4 dicke Scheiben italienisches Landbrot
50 g Butter
8 Eier
2 Knoblauchzehen
500 ml Milch

Einfaches Fondue aus dem Aostatal

FÜR 4 PERSONEN ● ZUBEREITUNG: 10 MINUTEN ● KOCHZEIT: 10 MINUTEN

1. Das Brot in große Würfel schneiden und diese in der Butter anrösten.
2. Die Eier trennen. Die Knoblauchzehen schälen und fein hacken. Den Käse reiben.
3. Die Milch mit dem Knoblauch in einer Kasserolle aufkochen. Die Wärmezufuhr verringern und den Käse unter ständigem Rühren in der heißen Milch schmelzen.
4. Wenn der Käse geschmolzen ist, die Hitze noch weiter reduzieren und die Eigelb nacheinander sorgfältig unterrühren. Die Masse bei geringer Hitze so lange weiterrühren, bis sie die sämige Konsistenz einer Englischen Creme hat.
5. Das Fondue mit dem Schneebesen kräftig durchrühren und mit den gerösteten Brotwürfeln servieren.

Dazu servieren Sie einen Chicorée-Salat mit Orangenfilets, angemacht mit Schmand und weißem Balsamico. Besonders für den Sommer geeignet.

Käsefondue mit Grappa

FÜR 4 PERSONEN
ZUBEREITUNG: 15 MINUTEN
KOCHZEIT: 10 MINUTEN

300 g Fontina
250 ml Gemüsebrühe
60 g Crème double*
1 EL Maisstärke
5 cl Grappa
1 EL gehackter Estragon
1 EL gehackte Petersilie
italienisches Landbrot oder Ciabatta, in große Würfel geschnitten

1 Die Gemüsebrühe in einer großen Stielkasserolle mit der Crème double erhitzen.

2 Den Käse reiben und in der heißen Brühe schmelzen lassen. Dabei ständig mit einem Holzlöffel umrühren und darauf achten, dass die Brühe auf keinen Fall kocht.

3 Die mit dem Grappa angerührte Maisstärke unter die Käsemasse rühren. Die Kräuter hinzufügen und mit Salz und Pfeffer abschmecken.

4 Die Kasserolle auf einen Rechaud stellen und das Fondue bei geringer Hitze warm halten. Die Brotwürfel auf Fonduegabeln spießen und in den Käse tauchen.

Dazu servieren Sie einen knackigen Tomatensalat mit Zwiebeln – angemacht mit dunklem Balsamico und Olivenöl.

Drei-Käse-Fondue

FÜR 6 PERSONEN
ZUBEREITUNG: 15 MINUTEN
KOCHZEIT: 20 MINUTEN

600 g Emmentaler
400 g Abondance*
200 g Beaufort*
1 Knoblauchzehe
750 ml Weißwein (aus Savoyen)
2 gestrichene EL Kartoffelstärke
2 EL Kirschwasser
1 Messerspitze geriebene Muskatnuss
frisch gemahlener Pfeffer
frisches Baguette, in Würfel geschnitten
lauwarme gekochte kleine Kartoffeln

1 Den Käse reiben oder in dünne Streifen schneiden.
2 Den Knoblauch schälen und einen Keramikfonduetopf kräftig damit ausreiben.
3 Die Hälfte des Weißweins und ein Drittel des Käses in den Topf geben.
4 Langsam erhitzen und dabei ständig mit einem Holzlöffel umrühren.
5 Sobald der Käse geschmolzen ist, den restlichen Wein und den restlichen Käse hinzufügen.
6 Die Kartoffelstärke mit dem Kirschwasser anrühren.
7 Sobald der restliche Käse geschmolzen ist, die Stärke hinzufügen und so lange rühren, bis eine glatte Creme entstanden ist. Mit Pfeffer und Muskat abschmecken.

Servieren Sie diese Fondues mit den lauwarmen Kartoffeln, frischen Brotwürfeln sowie einem Rucola- oder Feldsalat – angemacht mit einem Walnussöldressing.

Brie-Fondue

FÜR 6 PERSONEN
ZUBEREITUNG: 15 MINUTEN
KOCHZEIT: 10 MINUTEN

1 reifer Brie de Meaux*
1/2 reifer Brie de Melun*
30 g Butter
1 EL Mehl
200 ml Milch
300 g Crème fraîche
frisch gemahlener Pfeffer
lauwarme kleine Pellkartoffeln oder
frisches französisches Landbrot, in große Würfel geschnitten

1 Die Käse entrinden und in kleine Würfel schneiden.
2 Die Butter bei geringer Hitze zerlassen und das Mehl darin anbräunen.
3 Die Milch unter ständigem Rühren angießen und aufkochen lassen.
4 Den Käse nach und nach dazugeben und unter Rühren schmelzen lassen. Zum Schluss die Crème fraîche einrühren. Die Masse sollte sämig sein und darf keinesfalls wieder zum Kochen kommen.
5 Mit den aufgespießten Brotwürfeln sollten Sie das Fondue bei jedem Eintauchen gut umrühren.

Reblochonfondue im Salztzeig

FÜR 4 PERSONEN
ZUBEREITUNG: 20 MINUTEN
KOCHZEIT: 10 MINUTEN
RUHEZEIT: 1 STUNDE

1 Reblochon*
1 ganzer Staudensellerie
1 TL grob zerstoßener Pfeffer
1 Eigelb
frisches Baguette

Für den Salzteig
500 g Mehl
250 g grobes graues Meersalz
5 Eiweiß
30 g Wacholderbeeren, zerdrückt
200 ml Wasser

1 Für den Salzteig das Mehl mit Salz, Eiweiß, Wacholderbeeren und dem Wasser kräftig verrühren. Den Teig zu einer Kugel formen und mind. 1 Stunde im Kühlschrank ruhen lassen.

2 Inzwischen den Staudensellerie putzen, waschen und die Blattstiele in etwa 10 cm lange Stifte schneiden.

3 Den Backofen auf 180 °C (160 °C Umluft) vorheizen.

4 Den Salzteig 5 mm dick ausrollen, mit Wasser bepinseln und in der Mitte mit dem zerstoßenen Pfeffer bestreuen. Den Reblochon in die Mitte auf den Pfeffer setzen. Den Teig über dem Käse verschließen, die Ränder mit Wasser bepinseln und fest andrücken.

5 Das Eigelb mit 1 Esslöffel Wasser verquirlen. Das Backblech mit Backpapier auslegen. Den Reblochon im Salzteig daraufsetzen, mit dem Eigelb bepinseln und 30 Minuten backen.

6 Den Reblochon nach dem Backen 5 Minuten ruhen lassen. Anschließend vorsichtig ein Loch in den Salzteig schneiden.

7 Den Reblochon im Salzteig in die Mitte des Tisches stellen, sodass jeder seine Selleriesticks in den Käse tunken kann.

Dazu servieren Sie frisches Baguette und Cherrietomaten. Die lassen sich auch hervorragend tunken. Ein echtes Sommerfondue!

Kaltes Käsefondue

FÜR 6 PERSONEN
ZUBEREITUNG: 15 MINUTEN
KOCHZEIT: 15 MINUTEN

250 g Époisses au Marc de Bourgogne*
100 g Saint-Florentin*
1 cl Marc de Bourgogne*
20 ml Weißwein
2 EL gehackte Petersilie
1 TL gemahlener Anis
80 g Paniermehl (aus Gewürzbrot, s. S. 137)
Gewürzbrot mit Kerbel oder das Orientalische Gewürzbrot

1 Einige Tage im Voraus das Paniermehl herstellen. Dazu ein Stück altbackenes salziges Gewürzbrot (s. S. 137) von Hand oder in der Küchenmaschine sehr fein zerkleinern und anschließend an der Luft trocknen lassen.

2 Den Époisses mit der Rinde sowie den in Würfel geschnittenen Saint-Florentin im Mixer pürieren. Den Marc de Bourgogne und den Weißwein unterrühren, bis eine sämige Creme entsteht. Die Petersilie, den Anis und das Paniermehl hinzufügen.

3 Die Creme wieder in die Käseschachtel oder in eine Schüssel füllen.

Dazu servieren Sie eine reiche Auswahl an Mixed Pickles, sauren Gürkchen und eingelegtem Gemüse sowie den Weißwein, den Sie für das Fondue verwendet haben.
Besonders gut passt in Streifen geschnittenes Gewürzbrot mit Kerbel (s. S. 137) oder Gewürzbrot mit Zitronat (s. S. 138).

Fondues mit Öl

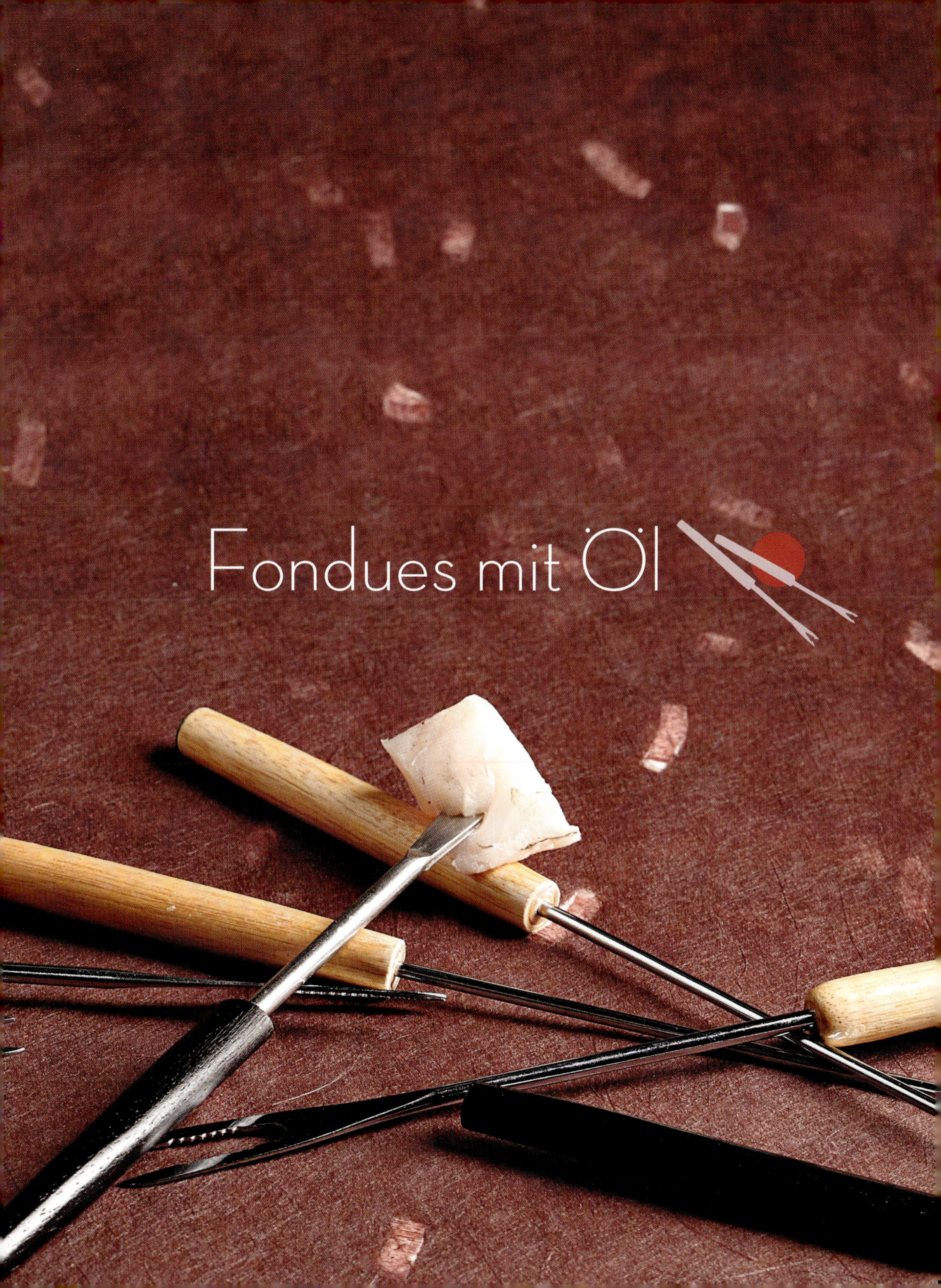

FÜR 4–6 PERSONEN
ZUBEREITUNG: 10 MINUTEN

1,25 kg Rinderfilet
Öl zum Garen (z. B. Erdnuss- oder Traubenkernöl)

Fondue Bourguignonne

Beilagen
schwarze und grüne Oliven
gefüllte Oliven
Kapern
Cornichons
Perlzwiebeln
geriebener Meerrettich
Ketchup
verschiedene Sorten Senf
frisches Baguette

Saucen
Sauce Béarnaise
Cocktailsauce
Meerrettichsahne
Tomaten-Coulis

1 Das Fleisch in 2–3 cm große Würfel schneiden.

2 Das Öl im Fonduetopf auf dem Herd erhitzen und den Topf mit dem Rechaud in die Mitte des Tisches stellen. Die Flamme hoch einstellen, damit das Öl heiß bleibt. Es sollte allerdings nicht kochend heiß sein, damit es nicht spritzt, wenn man das Fleisch hineintaucht. Alle Beilagen in kleinen Schälchen dekorativ rund um den Rechaud anordnen.

3 Ein Stück Fleisch auf die Fonduegabel spießen, ins heiße Fett tauchen und nach Belieben garen (fast roh, blutig, halb durchgebraten oder durchgebraten).

Zu diesem Fondueklassiker reichen Sie natürlich eine Sauce Béarnaise (s. S. 150), die gehört ja zum Fondue Bourguignonne, außerdem die Cocktailsauce (s. S. 148), die Meerrettichsahne (s. S. 150), die Tomaten-Coulis (s. S. 152) und wonach Ihnen der Sinn sonst noch steht!
Dazu servieren Sie einen Salat aus jungem Spinat, Kresse und Rucola mit einem Senf-Sahnedressing und frisches Baguette.

FÜR 4 PERSONEN
ZUBEREITUNG: 10 MINUTEN

600–800 g Rinderfilet oder Rinderlende
500 g Algen, frische, in Salz eingelegte oder gefriergetrocknete Algen werden fertig abgepackt angeboten.
Öl zum Garen (z. B. Erdnussöl)
frisches Baguette

Saucen
Sauce Vierge
Mayonnaise
Cocktailsauce
Meerrettichsahne

Bretonisches Fondue

1 Das Fleisch in 2–3 cm große Würfel schneiden.

2 Das Öl im Fonduetopf auf dem Herd erhitzen und den Topf mit dem Rechaud in die Mitte des Tisches stellen. Die Flamme relativ hoch einstellen, damit das Öl heiß bleibt. Es sollte allerdings nicht kochend heiß sein, damit es nicht spritzt, wenn man das Fleisch hineintaucht.

3 Die Fleischwürfel mit den Algen umwickeln, auf die Fonduegabeln spießen und im heißen Öl garen. Die frittierten Algen schmecken einfach köstlich!

Als Saucen empfehlen sich besonders die Sauce Vierge auf bretonische Art (s. S. 151) sowie eine klassische Mayonnaise (s. S. 149), weiterhin die Cocktailsauce (s. S. 148) sowie die Meerrettichsahne (s. S. 150).
Dazu servieren Sie einen Tomatensalat mit Estragon, weißem Balsamico und fruchtigem Olivenöl.

Maritimes Sommerfondue

FÜR 4 PERSONEN
ZUBEREITUNG: 10 MINUTEN

600–800 g Fischfilet
(Seeteufel, Kabeljau, Seezunge)
oder Jakobsmuscheln
500 g Algen, frische, in Salz eingelegte
oder gefriergetrocknete Algen werden
fertig abgepackt angeboten.
Öl zum Garen
(z. B. Erdnuss- oder Traubenkernöl)
frisches Baguette

Sauce

1 Portion Mayonnaise, etwa 300 g
1 EL Kapern
1 EL gemischte Seetangflocken (Kombu*)

1 Den Fisch (nicht aber die Muscheln) in etwa 2–3 cm große Würfel schneiden.

2 Die Mayonnaise (s. S. 149) mit den Kapern und den Algenflocken verrühren.

3 Das Öl im Fonduetopf auf dem Herd erhitzen und den Topf mit dem Rechaud in die Mitte des Tisches stellen. Die Flamme relativ hoch einstellen, damit das Öl heiß bleibt. Es sollte allerdings nicht kochend heiß sein, damit es nicht spritzt, wenn man den Fisch oder die Muscheln hineintaucht. Die Mayonnaise auf vier Schälchen verteilen und auf den Tisch stellen.

4 Die Fischstücke mit den Algen umwickeln, auf die Fonduegabeln spießen und im heißen Öl garen. Anschließend in die Mayonnaise tunken.

Zu diesem Fondue reichen Sie eine klassische Mayonnaise (s. S. 149), die Sie mit Kapern und Seetangflocken (Kombu*) anreichern.
Dazu servieren Sie frisches Baguette und einen Chicoréesalat mit Apfel und Walnuss, angemacht mit einem Joghurtdressing.

FÜR 4 PERSONEN
ZUBEREITUNG: 10 MINUTEN
KOCHZEIT: 1 MINUTE

24 relativ große Austern
2 EL Mehl
2 Eier
100 g weißes Paniermehl
Öl zum Garen (z. B. Erdnuss- oder Traubenkernöl)
2 Zitronen, in Spalten geschnitten
frisches Baguette oder Safranbrot

Sauce

1 Portion Mayonnaise, etwa 300 g
3–4 kleine Zwiebeln
4 Cornichons
1 EL Kapern

Sommerliches Austernfondue

1 Die Zwiebeln abziehen und dann mit den Cornichons fein hacken. Die Mayonnaise (s. S. 149) mit den Kapern, den Cornichons und den Zwiebeln verrühren und kalt stellen.

2 Die Austern öffnen und das Wasser dabei auffangen.

3 Das Austernwasser erhitzen und die Austern darin 1 Minute pochieren. Die Austern trockentupfen und nacheinander im Mehl, in den verquirlten Eiern und im Paniermehl wenden.

4 Das Öl im Fonduetopf auf dem Herd erhitzen und den Topf mit dem Rechaud in die Mitte des Tisches stellen. Die Flamme relativ hoch einstellen, damit das Öl heiß bleibt. Es sollte allerdings nicht kochend heiß sein, damit es nicht spritzt, wenn man die Muscheln hineintaucht. Die Mayonnaise auf vier Schälchen verteilen und auf den Tisch stellen.

5 Die Austern auf die Fonduegabeln spießen und kurz im Öl garen. Mit Zitronensaft beträufeln und nach Belieben in die Mayonnaise dippen.

Sie reichen die angemachte Mayonnaise (s. S. 149) zu diesem Fondue.
Dazu servieren Sie einen Fenchelsalat mit Walnüssen, Zitronensaft und Joghurtdressing sowie frisches Baguette oder das Safranbrot (s. S. 128).

Thunfischfondue

1 Das Thunfischfilet in etwa 2 cm große Würfel schneiden. Die Würfel in den Sesamkörnern wenden und die Körner dabei gut andrücken.

2 Das Öl im Fonduetopf auf dem Herd erhitzen und den Topf mit dem Rechaud in die Mitte des Tisches stellen. Die Flamme relativ hoch einstellen, damit das Öl heiß bleibt. Es sollte allerdings nicht kochend heiß sein, damit es nicht spritzt, wenn man den Fisch hineintaucht. Die Saucen auf Schälchen verteilen und auf den Tisch stellen.

3 Die Thunfischwürfel auf die Fonduegabel spießen und im heißen Öl garen.

Zum Thunfischfondue reichen Sie die Zitronensauce mit Kapern (s. S. 152), die Thai-Currysauce (s. S. 151) oder Pistou (s. S. 150). Dazu servieren Sie einen knackigen Blattsalat mit gerösteten Sesamkörnern und einem ganz leichten Zitronendressing sowie frisches Baguette.

FÜR 4 PERSONEN
ZUBEREITUNG: 10 MINUTEN

1 Scheibe rotes Thunfischfilet (etwa 600 g)
Sesamkörner
Öl zum Garen (z.B. Erdnuss- oder Traubenkernöl)
frisches Baguette

Saucen
Zitronensauce
Thai-Currysauce
Pistou

500 g kleine Steinpilze
100 g Mehl, gesiebt
4 EL geriebener Parmesan
1 EL Olivenöl
1 kräftige Prise Salz
frisch gemahlener schwarzer Pfeffer
Öl zum Garen (z. B. Erdnuss- oder Traubenkernöl)

Für die Zabaione
2 Eier
100 ml Steinpilzfond
30 ml Weißwein
Salz
frisch gemahler weißer Pfeffer
50 ml Olivenöl
5 Zweige glatte Petersilie (die Blätter grob gehackt)

Steinpilz-Tempura mit Petersilien-Zabaione

FÜR 4 PERSONEN ● ZUBEREITUNG: 20 MINUTEN

1 Die Steinpilze mit einem Tuch oder einer kleinen Bürste putzen (am besten nicht waschen).

2 Das Mehl mit dem Parmesan mischen, mit 150 ml kaltem Wasser und dem Olivenöl verrühren, mit Salz und Pfeffer abschmecken und den Teig noch einmal gut mit dem Schneebesen oder einem Spatel durchrühren.

3 Für die Zabaione die Eier mit dem Steinpilzfond und dem Weißwein über einem Wasserbad in etwa 4 bis 5 Minuten cremig-dicklich aufschlagen. Mit Salz und Pfeffer abschmecken. Vom Herd nehmen, weiterschlagen und das Olivenöl langsam in einem dünnen Strahl einlaufen lassen, dabei mit einem Schneebesen kräftig schlagen. Die Petersilienblätter unter die Zabaione rühren, dann beiseite stellen und lauwarm halten.

4 Das Öl im Fonduetopf auf dem Herd erhitzen und den Topf mit dem Rechaud in die Mitte des Tisches stellen. Die Flamme relativ hoch einstellen, damit das Öl heiß bleibt. Es sollte allerdings nicht kochend heiß sein, damit es nicht spritzt, wenn man die Stücke hineintaucht. Verteilen Sie die Zabaione auf vier Schälchen rund um den Rechaud.

5 Die Steinpilze zunächst in den Teig tauchen und anschließend im heißen Öl goldgelb garen. Nach Belieben in die Petersilien-Zabaione tunken.

●

Dazu servieren Sie einen gemischten Blattsalat mit einem einfachen Essig-Öl-Dressing und, wer mag, krossgebratenen Speckwürfeln.

150 g Tempuramehl
200 ml kaltes Wasser
1 Ei
375 ml Milch
Salz
6 junge Karotten
1 schöner kleiner Brokkoli
250 g Cocktailtomaten
200 g grüne Bohnen
200 g Zuckerschoten
200 g kleine Champignons
1 kleine rote Paprikaschote
Öl zum Garen
(z. B. Erdnuss- oder Traubenkernöl)

Saucen
japanische Sojasauce mit Wasabi
Ingwersauce

Gemüse-Tempura

FÜR 4 PERSONEN ● ZUBEREITUNG: 15 MINUTEN

1 Das Mehl und das Wasser mit dem Schneebesen zu einem glatten, aber nicht festen Teig verrühren. Leicht salzen und auf vier Portionsschälchen verteilen.

2 Das Gemüse waschen und putzen. Die Karotten und die Paprikaschote in Stifte schneiden, den Brokkoli in Röschen zerteilen und das Gemüse auf einer großen Platte dekorativ anrichten.

3 Die Saucen ebenfalls auf vier Schälchen verteilen.

4 Das Öl im Fonduetopf auf dem Herd erhitzen und den Topf mit dem Rechaud in die Mitte des Tisches stellen. Das Gemüse auf die Fonduegabel spießen, in den Teig tauchen und anschließend im heißen Öl goldbraun und knusprig frittieren. Nach Belieben in die Saucen tunken und genießen.

Reichen Sie neben der mit Wasabi (japanischer Meerrettich) angemachten Sojasauce auch die Ingwersauce (s. S. 149).

FOTO SIEHE FOLGENDE DOPPELSEITE

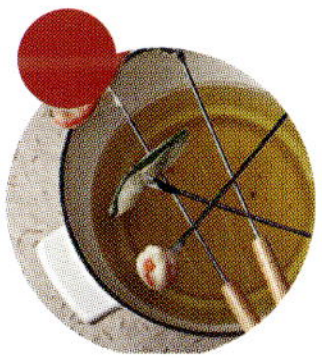

FÜR 4 BIS 6 PERSONEN
ZUBEREITUNG: 20 MINUTEN

Frittierte Teigtaschen mit Garnelen

25 g getrocknete Morcheln
500 g Tiefseegarnelen, geschält
1 Knoblauchzehe
4 Stängel Schnittlauch
2 Eigelb + 1 Eiweiß
1 EL Sojasauce
1 Stück (etwa 2 cm) frischer Ingwer, gerieben
2 gestrichener TL Maisstärke
einige Tropfen Sesamöl
Salz
frisch gemahlener Pfeffer
etwa 30 Wan-Tan-Blätter
Öl zum Ausbacken
(z. B. Erdnuss- oder Traubenkernöl)

Saucen
Thai-Currysauce
Die folgenden Saucen gibt es alle in bester Qualität in Asialäden zu kaufen:
chinesische Sojasauce
asiatische süßsaure Sauce
Hoisin-Sauce

1 Die Morcheln etwa 20 Minuten in lauwarmem Wasser oder Milch einweichen und anschließend ausdrücken. Die Morcheln und die Garnelen grob, den Knoblauch und den Schnittlauch fein hacken.

2 Die Garnelen und die Morcheln in einer Schüssel mit Eigelb, Sojasauce, Ingwer, Knoblauch, Schnittlauch, Maisstärke und Sesamöl vermengen und die Farce mit Salz und Pfeffer abschmecken.

3 Die Wan-Tan-Blätter auf der Arbeitsfläche ausbreiten und etwas Farce in die Mitte setzen. Die Ränder mit dem Eiweiß bepinseln und den Teig sorgfältig über der Füllung verschließen.

4 Das Öl im Fonduetopf auf dem Herd erhitzen und auf dem Rechaud in die Mitte des Tisches stellen. Die Flamme relativ hoch einstellen, damit das Öl heiß bleibt. Es sollte allerdings nicht kochend heiß sein, damit es nicht spritzt, wenn man die Teigtäschchen hineintaucht. Verteilen Sie die süßsaure Sauce auf Schälchen und stellen Sie sie auf den Tisch.

5 Die Teigtäschchen im heißen Fett goldbraun ausbacken und mit einem kleinen Fonduesieb herausheben.

Dazu servieren Sie einen Seealgensalat – angemacht mit heller Sojasauce, Ingwer, Chili und Frühlingszwiebeln. Reichen Sie neben der süßsauren Sauce und der chinesischen Sojasauce auch die Currysauce (s. S. 151).

Sommerliche Bouillonfondues

Wan Tan mit Foie gras in Geflügelbrühe

FÜR 4 PERSONEN
ZUBEREITUNG: 10 MINUTEN
KOCHZEIT: 3 MINUTEN

2 l Geflügelbrühe
1 Bund glatte Petersilie
100 g Foie gras* (von der Ente)
Fleur de sel*
zerstoßener Pfeffer
24 Wan-Tan-Blätter

Sauce
Feigen-Trauben-Chutney

1 Ein feines Sieb mit angefeuchtetem Küchenpapier auslegen und die Geflügelbrühe in eine Kasserolle seihen. Die Brühe langsam erhitzen. Ein Drittel der Petersilie abzupfen, die Blättchen im Mixer pürieren und zur Brühe geben.

2 Die Foie gras in 24 kleine Würfel zerteilen, mit Fleur de sel und Pfeffer würzen und in der restlichen, fein gehackten Petersilie wälzen.

3 Jeweils einen Leberwürfel in die Mitte eines Wan-Tan-Blattes setzen, den Teig darüber verschließen und an den Enden wie ein Bonbonpapier zusammendrehen.

4 Die sehr heiße Brühe in einen Wok umfüllen, auf den Rechaud stellen und bei mittlerer Hitze heiß halten.

5 Die Teigtaschen in die Brühe tauchen und gut 1 Minute garen.

Dazu servieren Sie Feigenbrot mit einem Feigen-Trauben-Chutney (s. S. 132 und 148) und einen sehr mild angemachten Blattsalat (Eichblatt, junger Spinat, Rucola ...).

Ravioli in orientalischer Rinderbrühe

FÜR 4 PERSONEN
ZUBEREITUNG: 30 MINUTEN
KOCHZEIT BOUILLON: 2 STUNDEN
KOCHZEIT GEMÜSE: 20 MINUTEN

1 kg Rindfleisch (aus der Hochrippe)
1 Bund Karotten
6 Stangen Lauch
1 Kräutersträußchen (Thymian, Lorbeerblatt, Petersilie)
1 Knoblauchknolle
1 große Zwiebel
2 Gewürznelken
1 Stück getrocknete Bitterorangenschale
1 kleine Zimtstange
1 Messerspitze Paprikapulver
1 EL grobes Salz
1 EL Sichuanpfeffer
8 kleine Weiße Rübchen
1/2 Knollensellerie
1 Stange Sellerie
6 Stängel Kerbel
frische Ravioli mit Gemüsefüllung (je nach Größe 4–10 pro Person)
100 g geriebener Parmesan
frisches Baguette oder Gewürz- oder Maisbrot

1 Für die Bouillon das Fleisch in einen großen Kochtopf mit kaltem Wasser legen, aufkochen und etwa 20 Minuten kochen. 1 geschälte Karotte, 1 Stange Lauch, das Kräutersträußchen, die halbierte Knoblauchknolle, die mit den Gewürznelken gespickte abgezogene Zwiebel, die Orangenschale, Zimt, Paprika, Salz und den Sichuanpfeffer hinzufügen und das Ganze etwa 2 Stunden bei sehr geringer Hitze köcheln lassen.

2 Das Fleisch aus der Brühe nehmen. Das Fleisch dient bei diesem Rezept lediglich als Geschmacksgeber und kann für ein anderes Gericht weiterverwendet werden.

3 Während die Brühe köchelt, das restliche Gemüse vorbereiten: Die Karotten, die Weißen Rübchen und den Sellerie in feine Streifen und den Lauch in dünne Ringe schneiden. Nachdem Sie das Fleisch aus der Brühe genommen haben, das Gemüse hineingeben und 15–20 Minuten bissfest garen.

4 Zum Schluss die abgezupften Kerbelblättchen in die Brühe geben. Die Ravioli in ein kleines Fonduesieb legen, 3–4 Minuten in der Brühe garen und mit dem Gemüse und dem geriebenen Parmesan und frischem Baguette genießen.

Dazu servieren Sie den Gewürztoast (s. S. 129) oder den Maistoast (s. S. 131).

FÜR 4 PERSONEN
ZUBEREITUNG: 35–40 MINUTEN
KOCHZEIT: 15 MINUTEN

2 graue Schalotten
100 ml Olivenöl
400 g Steinpilze
200 g Sahne oder Crème fraîche
Salz
frisch gemahlener Pfeffer
1 Packung Wan-Tan-Blätter
1 Liter Hühnerbrühe
einige Stängel Schnittlauch
Gewürz- oder Maisbrot

Steinpilzravioli in Hühnerbrühe

1. Die Schalotten schälen und fein hacken. Das Olivenöl in einer Pfanne erhitzen und die Schalotten bei geringer Hitze zugedeckt darin andünsten, ohne dass sie Farbe annehmen; mit der Schaumkelle aus der Pfanne nehmen, abtropfen lassen und beiseitestellen.
2. Die Steinpilze mit einem Tuch oder einer kleinen Bürste putzen (am besten nicht waschen), sehr fein schneiden und bei starker Hitze in der Pfanne mit dem Schalotten-Olivenöl scharf anbraten; es darf kein Wasser austreten. Die Hitze reduzieren und die Schalotten sowie die Sahne oder Crème fraîche hinzufügen, mit Salz und Pfeffer abschmecken, noch einmal kurz aufkochen lassen und die Pfanne dann vom Herd nehmen.
3. Die Wan-Tan-Blätter ausbreiten (rechnen Sie mindestens 4–5 Ravioli pro Person). In die Mitte jeweils 1 Teelöffel Steinpilzfarce setzen. Die Ränder mit Wasser befeuchten und die Teigblätter über der Füllung verschließen.
4. Die Brühe in einen Fonduetopf gießen und aufkochen und mit dem Rechaud in die Mitte des Tisches stellen.
5. Die Ravioli in einem Fonduesieb in der Brühe etwa 3–4 Minuten garen.
6. Bouillon in Suppentassen füllen, mit Schnittlauchröllchen bestreuen und zu den Ravioli servieren.

Dazu servieren Sie einen einfachen grünen Salat mit Zitronendressing sowie den Gewürztoast (s. S. 129) oder den Maistoast (s. S. 131).

FÜR 4 PERSONEN
ZUBEREITUNG: 30 MINUTEN
KOCHZEIT: 5–10 MINUTEN

Austern in Gemüsebrühe

je 50–100 g Karotten, Weiße Rübchen, Erbsen, grüne Bohnen und dicke Bohnen
24 Austern
4 EL Olivenöl
Salz
frisch gemahlener Pfeffer
1 TL grob gehackter Knoblauch
600 ml Gemüsebrühe
Kräutercake

Sauce
Pistou

1 Das Gemüse putzen. Karotten, Rübchen und Bohnen in etwa 5 mm große Würfel schneiden.

2 Die Austern öffnen, das Wasser auffangen und die Schalen aufheben.

3 Das Olivenöl in einem Fonduetopf erhitzen, das Gemüse darin andünsten und mit Salz und Pfeffer abschmecken. Die Brühe angießen, aufkochen und 2 Minuten weiterkochen lassen. Anschließend das Austernwasser hinzufügen.

4 Die Austern in den Schalen anrichten, das Gemüse auf Portionsschalen verteilen und mit etwas Pistou beträufeln. Bei Tisch nimmt jeder Gast eine Auster, taucht sie 2 Minuten mit einem Fonduelöffel in die Brühe und genießt sie mit dem Gemüse und den Pistou.

Dazu reichen Sie den Pistou (s. S. 150) und den Kräutercake (s. S. 123).

FÜR 4–6 PERSONEN
EINWEICHZEIT: 2 STUNDEN
ZUBEREITUNG: 1,5 STUNDEN
KOCHZEIT: 15 MINUTEN

1,5 kg Herzmuscheln
1,5 kg Miesmuscheln
50 ml trockener Weißwein
8 Schwimm- oder Srandkrabben
8 kleine Kalmare
16 Tiefseegarnelen
400 g Lachsfilet ohne Haut
400 g Weißfischfilet
200 g Glasschmalz*
600 g gemischte Pilze
1 Karotte
1 Weißes Rübchen
1 Stange Lauch
1 Knolle Fenchel
1 Stange Sellerie
1 unbehandelte Limette
1 Stück (2 cm) frischer Ingwer
2 l leichte Geflügelbrühe
2 Stängel Petersilie
Salz
frisch gemahlener Pfeffer
frisches Baguette

Saucen
Knoblauchsauce
Erdnusssauce

Fondue Meer und Erde

1. Die Herzmuscheln 2 Stunden in Salzwasser einweichen und anschließend gründlich unter fließendem Wasser abspülen. Die Miesmuscheln waschen, abbürsten und entbarten. Sämtliche Muscheln im Weißwein kochen, bis sie sich geöffnet haben (die nicht geöffneten wegwerfen). Das Fleisch aus den Schalen herauslösen und die Kochflüssigkeit aufheben.
2. Die Schwimmkrabben waschen und abbürsten.
3. Die Tentakel der Kalmare direkt am Körperbeutel abtrennen. Die Därme entfernen und wegwerfen. Den Schnabel in der Mitte des Kopfes und den Gladius (das »Rückgrat«) aus dem Körperbeutel entfernen. Die Mäntel in gleichmäßige Ringe schneiden und waschen.
4. Die Garnelen schälen.
5. Den Lachs und die Fischfilets in Würfel schneiden.
6. Die Meeresfrüchte und die Fischwürfel auf Portionsschalen verteilen und kalt stellen.
7. Das Glasschmalz 2 Minuten in kochendem Salzwasser blanchieren, in Eiswasser abschrecken und abtropfen lassen.

FORTSETZUNG NÄCHSTE SEITE

FOTO SIEHE SEITE 64

8 Die Stiele der Pilze abschneiden, die Köpfe säubern und in einer Schüssel beiseitestellen. Die Karotte schälen und in Scheiben schneiden, das Weiße Rübchen und den Lauch in Streifen schneiden. Das Fenchelgrün abschneiden und aufheben. Die Knolle in dünne Streifen schneiden. Die Selleriestange in Stücke schneiden. Die Limette waschen, den Ingwer schälen und beides in sehr dünne Scheiben schneiden.

9 Die Brühe mit der Muschelkochflüssigkeit und den Muscheln in einer großen Sauteuse oder einem Wok aufkochen. Das Gemüse – bis auf die Pilze, Limette, Ingwer, Petersilie, Fenchelgrün und das Glasschmalz – hinzufügen, 15 Minuten kochen lassen und anschließend mit Salz und Pfeffer abschmecken.

10 Den Wok in die Mitte des Tisches auf einen Rechaud stellen, sodass jeder die vorbereiteten Zutaten nach Belieben in der Brühe erhitzen oder garen kann.

Dazu servieren Sie frisches Baguette sowie die Knoblauchsauce (s. S. 149) und Erdnusssauce (s. S. 148).

Fischfondue in aromatischer Brühe

FOTO SIEHE FOLGENDE DOPPELSEITE

FÜR 4 PERSONEN
ZUBEREITUNG: 25 MINUTEN
KOCHZEIT: 5 MINUTEN

- 1 Limette
- 1,5 l Wasser
- 1 kleine scharfe Chilischote
- 3 Stängel frisches Zitronengras
- 3 Knoblauchblüten
- grobes Salz
- 1 Dutzend Pfefferkörner
- 4 Mu-Err-Pilze
- 5 Stängel Koriandergrün
- 400 g Lachs (in einem dicken Stück)
- 360 g Seeteufel, entgrätet

Außerdem

- 12 Holzspieße
- Duftreis oder Safranbrot
- helle Sojasauce
- dunkle Sojasauce

1. Für die Bouillon die Limette auspressen. Das Wasser in eine Kasserolle füllen. Chili, Zitronengras, die Knoblauchblüten, Limettensaft, 1 Prise grobes Salz und die Pfefferkörner hineingeben, aufkochen und etwa 20 Minuten köcheln lassen. Anschließend die Pilze und den Koriander hinzufügen.
2. Den Lachs und den Seeteufel in Streifen schneiden (jeweils 6) und die Streifen auf die Spieße stecken.
3. Die Bouillon in einen Fonduetopf gießen und auf einem Rechaud bei mittelgroßer Hitze in die Mitte des Tisches stellen. Jeder taucht seine Spieße in die Brühe.

Dazu servieren Sie Duftreis oder Safran-Brot (s. S. 128) und Sojasauce.

Gemischtes Fleischfondue mit Gemüse

FÜR 4 PERSONEN
ZUBEREITUNG: 30 MINUTEN
KOCHZEIT GEMÜSE: 15 MINUTEN
KOCHZEIT FLEISCH: 5–10 MINUTEN

2 l Rindsbouillon
16 sehr kleine Karotten oder Karottenstifte
16 kleine Weiße Rübchen
16 kleine Gurken
4 kleine Frühlingszwiebeln
8 Silberzwiebeln
1 kleine Selleriestange
1 Knoblauchzehe, ungeschält
1 Kräutersträußchen
1 Gewürznelke
Salz
frisch gemahlener Pfeffer
150 g Kalbsnuss (1 dicke Scheibe)
150 g Rinderfilet (1 dicke Scheibe)
150 g Lammkeule (1 dicke Scheibe)
8 EL chinesische Sojasauce
frisches Baguette

Saucen
Kräutermayonnaise
Tomaten-Coulis
Sauce Béarnaise
Cocktailsauce

1 Das Gemüse putzen und nach Belieben klein schneiden. Sämtliche Zutaten bis auf das Fleisch und die Sojasauce mit 1 ½ Litern Bouillon in eine Kasserolle geben und 15 Minuten zugedeckt kochen. Mit Salz abschmecken und abgießen.

2 Inzwischen das Fleisch in 2 cm große Würfel schneiden, mit der Sojasauce in eine tiefe Schale geben und marinieren lassen.

3 Das Gemüse auf einer Platte dekorativ anrichten.

4 1 Liter Rindsbouillon in einen Fonduetopf füllen, auf einem Rechaud in die Mitte des Tisches stellen und bei mittlerer Hitze warm halten.

5 Jeder Gast gart sein Fleisch in der Bouillon und dippt es in eine Sauce seiner Wahl, dazu wird das lauwarme Gemüse gegessen. Die Rindsbouillon kann zum Schluss in Suppenschalen serviert werden.

Dazu servieren Sie frisches Baguette sowie die folgenden Saucen: Kräutermayonnaise (s. S. 149), Tomaten-Coulis (s. S. 152), Sauce Béarnaise (s. S. 150) und die Cocktailsauce (s. S. 148).

Lachsfondue in Safranbouillon

FÜR 4 PERSONEN
ZUBEREITUNG: 15 MINUTEN
KOCHZEIT: 15 MINUTEN

250 g frisches Lachsfilet
1 Zwiebel
30 g Butter
100 ml trockener Weißwein
1 l selbstgemachter Fischfond (siehe unten) oder Fischfond aus dem Glas
1 Döschen gemahlener Safran oder Safranfäden
2 Möhren
150 g Knollensellerie
1 Lauchherz
1/2 Bund Schnittlauch
5 Stängel Petersilie
5 Stängel frisches Koriandergrün
2 EL Zitronensaft

1. Das Lachsfilet in feine Streifen schneiden.
2. Die Zwiebel schälen und hacken.
3. Die Butter in einem Fonduetopf erhitzen und die Zwiebel bei geringer Hitze darin anschwitzen, ohne dass sie Farbe annimmt. Den Weißwein angießen und etwas einkochen lassen. Den Fischfond und den Safran hinzufügen und die Brühe etwa 10 Minuten köcheln lassen.
4. Inzwischen die Karotten, den Sellerie und den Lauch in dünne Streifen (Julienne) schneiden und die Kräuter fein hacken.
5. Das Gemüse in den Fonduetopf geben, aufkochen und 1 Minute kochen lassen. Zum Schluss den Zitronensaft und die Kräuter hinzufügen und auf einem Rechaud bei hoher Hitze in die Mitte des Tisches stellen und die Lachsstreifen auf Fonduegabeln spießen und in der Brühe garen.

Dazu servieren Sie Safranbrot (s. S. 128).

ARLETTES FISCHFOND:

ERGIBT ETWA 1,5 LITER
ZUBEREITUNG: 30 MINUTEN • KOCHZEIT: 25 MINUTEN

• 1 kg Gräten und Köpfe von mageren Weißfischen (beim Fischhändler erhältlich) • 25 g Butter • 2 EL Öl • 50 g Champignons, in dünne Scheiben geschnitten • 1 fein geschnittene Zwiebel • 1 gehackte Schalotte • 100 ml trockener Weißwein • 1 Kräutersträußchen (Thymian und Lorbeerblatt) • Salz und Pfeffer

Die Butter und das Öl in einer großen Kasserolle erhitzen und die Fischreste mit dem Gemüse bei geringer Hitze unter Rühren darin anbraten. Den Wein angießen und vollständig einkochen lassen. 1 1/2 Liter kaltes Wasser angießen und das Kräutersträußchen hinzufügen. Das Ganze aufkochen und etwa 20 Minuten bei geringer Hitze köcheln lassen. Die Brühe dabei ständig abschäumen. Die Brühe anschließend durch ein feines Sieb passieren, bis sie klar bleibt, und mit Salz und Pfeffer kräftig abschmecken.

Verschnürte Geflügelpäckchen in Bouillon

FÜR **4 BIS 6 PERSONEN**
ZUBEREITUNG: **45 MINUTEN**
KOCHZEIT: **1 STUNDE**

4–6 Hühnerbrüste
außerdem brauchen Sie Hühnerknochen für die Brühe

Für die Bouillon

3 l Wasser
1 Zwiebel
2 Karotten
1 Stange Lauch
1 Selleriestange
1 Kräutersträußchen
1 Handvoll grobes Salz
3 Pfefferkörner
1 Glas Hühnerfond

Als Gemüsebeilage

6 festkochende Kartoffeln
6 mittelgroße Karotten
3 Selleriestangen
6 mittelgroße Weiße Rübchen
1/2 Grünkohl
6 kleine Frühlingszwiebeln

Außerdem

Meerrettichsahne
grobes Meersalz
frisch gemahlener grober Pfeffer

1 Das Gemüse für die Bouillon putzen, schälen und grob zerkleinern. Die Knochen in einem Kochtopf ohne Fett kräftig anbraten. Das Gemüse, das Kräutersträußchen, das grobe Salz, die Pfefferkörner und, falls nötig, den Hühnerfond dazugeben, umrühren und mit Wasser bedecken. Aufkochen und 30 Minuten kochen lassen. Die Brühe dabei ständig abschäumen.

2 Inzwischen das Gemüse vorbereiten: Die Kartoffeln waschen und halbieren, die Karotten und den Sellerie in Stücke schneiden. Die Weißen Rübchen vierteln. Den Grünkohl in breite Streifen schneiden. Den Lauch ganz lassen.

3 Das Hühnerfleisch mit Küchengarn zu Päckchen zusammenbinden und dabei darauf achten, dass die überstehenden Fäden ausreichend lang sind (s. Foto auf der folgenden Seite) und eine 3 cm lange Schlaufe machen.

4 Die Brühe durch ein Sieb passieren, in einen Wok gießen und die Karotten, die Rübchen, den Sellerie und den Lauch hineingeben.

5 Die Kartoffeln und den Grünkohl getrennt in Salzwasser kochen, abgießen, abtropfen lassen und in den Wok geben.

6 Bei Tisch die Päckchen am Stäbchen befestigen und über den Wok legen, sodass die Päckchen in der Brühe hängen und etwa 5 Minuten garen lassen.

7 Später die Brühe mit dem Gemüse in Suppentellern servieren und die Fleischpäckchen in die Mitte setzen.

Dazu servieren Sie die Meerrettichsahne (s. S. 150), grobes Meersalz und frisch gemahlenen Pfeffer.

Verschnürte Rindfleischpäckchen in Gemüsebouillon

FÜR 4 PERSONEN
ZUBEREITUNG: 35 MINUTEN
KOCHZEIT: 20–25 MINUTEN

150 g Möhren
150 g kleine Zucchini
2 Stangen Sellerie mit Grün
12 kleine festkochende Kartoffeln
400 g (bis 800 g, je nach Appetit) Rinderfilet
einige Stängel Kerbel
12 kleine Frühlingszwiebeln
frisches Baguette

Für die Bouillon

1 Karotte
1 kleine Selleriestange
1 Stängel Zitronengras
1 Knoblauchzehe
1 kleine Chilischote
2 Stängel Petersilie
2 Stängel Koriandergrün
Pfefferkörner und Salz

Saucen

Tomaten-Coulis
Pistou

1 Für die Bouillon die Karotte und den Sellerie schälen und vierteln. Das Zitronengras in Scheibchen schneiden und die Knoblauchzehe halbieren. Das Gemüse mit der Chilischote, den Kräutern und den Pfefferkörnern in die Brühe geben und mit Salz abschmecken. 750 ml Wasser angießen (das Gemüse sollte bedeckt sein), aufkochen und 15 Minuten bei geringer Hitze köcheln lassen.

2 Inzwischen die Karotten schälen, die Stielansätze der Zucchini abschneiden und das Gemüse in feine Streifen schneiden. Den Sellerie zunächst in 4 cm lange Stücke und danach in feine Streifen schneiden. Das Grün fein schneiden. Die Kartoffeln schälen und etwa 15 Minuten in kochendem Salzwasser garen.

3 Das Fleisch in 3 cm große Würfel schneiden, jeden Würfel wie ein Päckchen mit Küchengarn verschnüren und dabei darauf achten, dass die überstehenden Fäden aureichend lang sind (s. Foto S. 74) und eine 3 cm lange Schlaufe machen.

4 Die Bouillon durch ein feines Sieb in eine große Stielkasserolle oder einen Wok passieren. Aufkochen, das Gemüse hineingeben und 5 Minuten kochen lassen. Zum Schluss das Selleriegrün und den Kerbel hinzufügen und den Topf auf einen Rechaud stellen.

5 Die Fleischpäckchen an lange Holzstäbchen hängen und die Stäbchen über den Topf legen, sodass das Fleisch in der Brühe hängt. Man kann es aber auch in kleine Fonduesiebe legen.

6 Das Fleisch 5 Minuten garen lassen, anschließend herausnehmen und die Fäden entfernen. Auf vorgewärmte Suppenteller legen, etwas Brühe mit Gemüse darübergießen.

Dazu servieren Sie Tomaten-Coulis (s. S. 152), Pistou (s. S. 150) und frisches Baguette.

Asiatische Varianten

Mongolischer Feuertopf

FÜR 6 BIS 8 PERSONEN
ZUBEREITUNG: 30 MINUTEN
KOCHZEIT: 20 MINUTEN

Für das Fondue

200 g Lammkeule
200 g Rumpsteak
200 g Hähnchen- oder Entenbrust
200 g Riesengarnelen
100 g Jakobsmuscheln
50 g Glasnudeln
300 g frische Morcheln oder 35 g getrocknete Morcheln
100 g frische Pilze (z. B. Shitake) oder Mu-Err
100 g Salatblätter
100 g Chinakohl
100 g frische Spinatblätter
200 g helle Sojapaste (Miso)

Für die Bouillon

2 l Hühnerbrühe
4 EL helle chinesische Sojasauce
1 EL Reiswein (oder trockener Sherry)
1 TL fein gehackter Ingwer
1 TL Reisessig (oder Weinessig)
1 TL Sesamöl
1 TL Zucker
Salz, grob zerkleinerter schwarzer Pfeffer (oder Sichuanpfeffer)
1 kleine Handvoll Mu-Err, Shitake oder andere aromatische Pilze

Saucen für den mongolischen Feuertopf s. S. 153

Eiersauce
Ingwersauce
Sesamsauce
Knoblauchsauce
Milde Sauce
Scharfe Sauce

1 Das Fleisch in dünne Scheiben schneiden. Die Garnelen schälen, ohne den Kopf abzutrennen. Die Jakobsmuscheln waschen (Corail nicht entfernen).

2 Die Nudeln etwa 10 Minuten in 500 ml leicht gesalzenem kaltem Wasser einweichen, dann gut ausdrücken. Die getrockneten Morcheln nach Packungsanweisung einweichen, die frischen Pilze säubern. Den Salat, Chinakohl und die Spinatblätter waschen und abtropfen lassen. Alle Zutaten auf mindestens vier Teller verteilen.

3 Die Hühnerbrühe in einem Kochtopf erhitzen, aber nicht kochen lassen, dann Sojasauce, Reiswein, Ingwer, Essig, Sesamöl, Zucker, Salz, Pfeffer und Pilze hinzufügen und etwa 20 Minuten bei geringer Hitze köcheln lassen. Die Brühe dabei ständig abschäumen. Zum Schluss mit Salz abschmecken.

4 Die Bouillon nun in einen Fonduetopf füllen und mit dem Rechaud bei mittlerer Hitze in die Mitte des Tisches stellen. Die Teller mit den restlichen Zutaten rundherum verteilen. Dasselbe gilt für die Schälchen mit den Saucen.

5 Als Erstes den Salat, den Chinakohl und den Spinat in die Brühe geben. Dann einige Würfel oder Löffel (4 oder mehr, je nach Geschmack) der Sojapaste in der Bouillon auflösen und danach die Nudeln und die Pilze hinzufügen.

6 Bei Tisch taucht jeder Gast sein Fleisch, seine Garnelen und seine Muscheln – mit einem Fonduesieb, mit Stäbchen oder einer Fonduegabel – in die Brühe und lässt sie sich anschließend mit einer passenden Sauce schmecken. Die Brühe wird am Ende getrunken – einfach köstlich!

Chinesisches Fischfondue

FÜR 4–6 PERSONEN ● ZUBEREITUNG: 30 MINUTEN ● KOCHZEIT: 15 MINUTEN

2 küchenfertige Kalmare
300 g Tiefseegarnelen
300 g Seehecht- oder Seebarschfilet
200 g Lachs, in dünne Scheiben geschnitten
200 g Reisnudeln
3 Eier
300 g Chinakohl
1 Bund Schnittlauch
3 l Gemüsebrühe
4 Scheibchen frischer Ingwer
Salz

Saucen
Knoblauchsauce
Ingwersauce

1 Die Kalmare in etwa 3 cm große Quadrate schneiden und diese mehrmals diagonal einritzen. Die Garnelen schälen. Das Fischfilet in Rauten schneiden. Die Lachsscheiben vierteln. Die vorbereiteten Zutaten auf einzelne Schalen verteilen.

2 Die Reisnudeln 2 Minuten in kochendem Salzwasser vorgaren, abtropfen lassen und in eine Schüssel füllen.

3 Die Eier über einer Schüssel aufschlagen und sehr kräftig verquirlen.

4 Den Chinakohl in nicht zu kleine Stücke und den Schnittlauch in Röllchen schneiden (etwas Schnittlauch für die Sauce verwenden).

5 Die Gemüsebrühe in einem Fonduetopf aufkochen und gegebenenfalls etwas salzen. Den Ingwer und den Kohl hineingeben und 1 Minute kochen. Die Brühe dann mit dem Rechaud bei mittlerer Hitze auf den Tisch stellen.

6 Bei Tisch legt jeder ein Stück Fisch in ein kleines Fonduesieb, taucht es in die Brühe und lässt sich den Fisch anschließend mit einer der unten beschriebenen Saucen schmecken. Wenn der Fisch aufgebraucht ist, die Reisnudeln in die Brühe geben, nach 1 Minute die verquirlten Eier langsam unter Rühren einlaufen und leicht stocken lassen. Die Bouillon in Suppenschalen servieren und großzügig mit den Schnittlauchröllchen bestreuen.

● Dazu servieren Sie die Knoblauch- (s. S. 149) und die Ingwersauce (s. S. 149).

Kantonesischer Feuertopf

FÜR 6–8 PERSONEN ● ZUBEREITUNG: 30 MINUTEN ● KOCHZEIT: 15 MINUTEN

100 g Sojanudeln
12 frische oder getrocknete Morcheln
300 g Tofu
200 g Rinderlende
200 g Hähnchenbrust
200 g Lammfleisch
200 g Kalmare
200 g Weißfischfilet
500 g Chinakohl
200 g rohe Garnelen
200 g Jakobsmuscheln
3 l Geflügel- oder Fleischbrühe

Saucen

15 EL chinesische Sojasauce
Erdnussöl
1 Bund Schnittlauch, in Röllchen geschnitten
6–8 EL Austernsauce
6–8 EL Hoisin-Sauce

1 Die Nudeln 20 Minuten in heißem Wasser einweichen. Die frischen Morcheln putzen, die getrockneten Morcheln in warmem Wasser einweichen. Den Tofu in Würfel schneiden.

2 Das Fleisch, die Kalmare und den Fisch in sehr feine Streifen schneiden.

3 Den Chinakohl waschen und kleinschneiden. Die Garnelen schälen.

4 Das Fleisch, den Fisch und die Meeresfrüchte auf einer Platte anrichten. Die Nudeln, die Morcheln, den Tofu und den Chinakohl auf Schüsseln verteilen, die Saucen in Schälchen anrichten.

5 Die Bouillon in einer großen Stielkasserolle erhitzen und in die Mitte des Tisches stellen, sodass sich jeder Gast nach Belieben von den Zutaten nehmen und sie in der Brühe garen kann, um sie anschließend in eine der Saucen zu tunken.

● Dazu servieren Sie die Sojasauce, die Sie mit etwas heißem Erdnussöl verrühren, dann den Schnittlauch untermischen. Die Austernsauce ebenfalls mit etwas Erdnussöl verrühren, dasselbe gilt für die Hoisin-Sauce.

FÜR 4 PERSONEN
ZUBEREITUNG: 15 MINUTEN
KOCHZEIT: 15 MINUTEN

800 g Rinderfilet oder Rinderlende
1 Stück Kombu*-Blatt (getrockneter Seetang)
16 frische oder getrocknete Shitake-Pilze
16 frische oder getrocknete Enokitake-Pilze*
7 bis 8 zarte Frühlingszwiebeln
1 Bund Wasserkresse
150 g frische Sojasprossen
400 g Tofu
200 g Sojanudeln
4 Eier
Erdnussöl

Für die Warishita-Brühe

3 EL Zucker
100 ml Sake (japanischer Reiswein, ersatzweise trockener Sherry)
100 ml Mirin (japanischer süßer Kochwein)
200 ml japanische Sojasauce

Sukiyaki

1 Das Fleisch etwa 30 Minuten in die Gefriertruhe legen, damit es sich leichter schneiden lässt.

2 Alles Gemüse waschen und klein schneiden. Die Pilze säubern, Stiele herausdrehen und die Köpfe halbieren.

3 Das Gemüse, den in kleine Würfel geschnittenen Tofu und die gekochten Nudeln auf einer Platte dekorativ anrichten.

4 Das Fleisch aus der Gefriertruhe nehmen und in hauchdünne Scheiben schneiden.

5 Jedes Ei über einem Schälchen aufschlagen und mit etwas Sojasauce sehr kräftig verquirlen.

6 Für die Warishita-Brühe alle Zutaten einem kleinen Topf bei mittlerer Hitze sorgfältig verrühren, bis sich der Zucker ganz aufgelöst hat. In eine Schale gießen und auf den Tisch stellen.

7 Eine Pfanne mit höherem Rand auf dem Rechaud bei mittlerer Hitze heiß werden lassen und mit etwas Erdnussöl einreiben. Darin mehrere Scheiben Rindfleisch halbgar braten. Dann etwa die Hälfte der Brühe darübergießen und so viele der anderen Zutaten wie gewünscht dazugeben.

8 Jeder Gast verrührt noch einmal sein Ei mit den Stäbchen und bedient sich nun aus der Pfanne. Fleisch und die übrigen garen Zutaten werden jeweils in das verschlagene Ei getaucht, bevor sie gegessen werden.

9 Weitere Zutaten und nach Bedarf Brühe werden in die Pfanne gegeben, und jeder bedient sich wie oben beschrieben.

Dashi-Brühe

ZUBEREITUNG: 10 MINUTEN
KOCHZEIT: 30 MINUTEN
EINWEICHZEIT: 30 MINUTEN

3 Stück Kombu* (getrockneter Seetang)

25 g Bonitoflocken*

1 l Wasser

1 Die Kombustücke etwa 15 Minuten in reichlich kaltem Wasser einweichen. Anschließend abtropfen lassen und mit einem sauberen Geschirrtuch trockentupfen.

2 Den Kombu mit 1 Liter kaltem Wasser in eine Kasserolle geben, langsam zum Kochen bringen und 30 Minuten köcheln lassen.

3 Den Kombu mit einem Schaumlöffel herausheben. Die Bonitoflocken in die siedende Brühe (die Brühe darf keinesfalls kochen, weil sie sonst ihren feinen Geschmack verliert) geben, mit einem Metalllöffel umrühren, vom Herd nehmen und etwa 10 Minuten ruhen lassen. Die Bonitoflocken setzen sich allmählich am Topfboden ab und entfalten ihr ganzes Aroma.

4 Die Brühe anschließend schöpflöffelweise durch ein feines Sieb oder ein Stück sauberen Stoff seihen.

FÜR 4 PERSONEN
ZUBEREITUNG: 30 MINUTEN
KOCHZEIT: 10 MINUTEN

600 g Rinderfilet oder Rinderlende
2 l Dashi-Brühe (s. S. 83)
200 g Frühlingszwiebeln
8 große Shitake-Pilze
500 g Chinakohl
100 g Sojasprossen
8 Champignons
150 g Tofu, in kleine Würfel geschnitten

Shabu-shabu

Für die Sauce
50 g geröstete Sesamkörner
100 g helle Sesampaste
100 ml helle japanische Sojasauce
150 ml Dashi-Brühe
50 ml Reiswein (Mirin)
30 g Zucker
100 ml Limettensaft
3 EL Schnittlauch, in Röllchen geschnitten

1 Die Rinderlende vom Metzger von der Fettschicht befreien lassen. Das Fleisch mit einem scharfen Messer in sehr dünne Scheiben (2–3 mm) schneiden, dekorativ auf einer Platte anrichten und in den Kühlschrank stellen.

2 Die Dashi-Brühe in einen Fonduetopf gießen und bei geringer Hitze heiß halten, ohne dass sie kocht.

3 Den Lauch putzen und waschen und schräg in etwa 2 cm lange Stücke schneiden. Die Stiele der Shitake-Pilze abschneiden und große Köpfe halbieren. Den Chinakohl in 2–3 cm breite Streifen schneiden, waschen, abtropfen lassen, ebenso die Sojasprossen. Die Champignons säubern und putzen.

4 Die Saucenzutaten sorgfältig verrühren. Dabei darauf achten, dass die Sesampaste keine Klümpchen bildet. Die Sauce auf vier Portionsschälchen verteilen.

5 Die Brühe fast zum Kochen bringen (sie darf nicht kochen) und mit dem Gemüse, dem Tofu und dem Fleisch servieren. Jeder Gast taucht sein Fleisch, Gemüse oder Tofu mit Stäbchen oder einem Fonduesieb in die Brühe und lässt es sich anschließend mit etwas Sesamsauce schmecken.

Vietnamesischer Feuertopf

FÜR 4 PERSONEN ● ZUBEREITUNG: 30 MINUTEN ● KOCHZEIT: 15 MINUTEN

Für die Brühe

2 EL Klebreis

2 l Fleischbrühe

1 EL Fischsauce (Nuoc Mam oder Nam Pla)

1 EL chinesische Sojasauce oder Chilisauce

1/2 EL Zucker

1 Prise Salz

1 Stück (3 cm) Galgant oder Ingwer

3 Kaffirlimettenblätter

1 Den rohen Klebreis in einer Pfanne ohne Zugabe von Fett einige Minuten anbräunen. Dabei gelegentlich umrühren, damit er gleichmäßig bräunt. Den Reis anschließend im Mixer oder mit dem Nudelholz zerkleinern und beiseitestellen.

2 Die Fleischbrühe bei starker Hitze in einem Kochtopf erhitzen.

3 Die Fischsauce und die Soja- oder Chilisauce hinzufügen und umrühren. Den Reis dazugeben und nochmals umrühren. Den Zucker und das Salz hinzufügen und umrühren.

Für das Fondue

2 Schalotten
2 Knoblauchzehen
2 Stängel Zitronengras (nur die weißen Herzen)
250 g Reisnudeln
250 g Hackfleisch vom Rind zu Kügelchen gerollt
250 g Hackfleisch vom Schwein zu Kügelchen gerollt
250 g Kalbsleber oder Kalbsherz, klein geschnitten
250 g Weißkohl
250 g chinesischer Brokkoli (Gai Larn)
250 g grüne Bohnen
1 Bund Thai-Basilikum
1 Bund Koriandergrün
1 Bund Dill
15 kleine Frühlingszwiebeln

Saucen

Die folgenden Saucen gibt es alle in bester Qualität in Asialäden zu kaufen:
dunkle chinesische Sojasauce
Austernsauce
Pflaumensauce
Chilisauce

Beilage

Jasminreis

4 Die Schalotten und den Knoblauch schälen und hacken. Das Zitronengrasherz ebenfalls hacken, alles in einer Schüssel vermengen und beiseitestellen.

5 Den Galgant oder Ingwer schälen, hacken und in die Brühe geben. Die Kaffirlimettenblätter grob zerkleinern, ebenfalls hinzufügen und nochmals umrühren.

6 Die Brühe aufkochen, den Topf auf einen Rechaud in die Mitte des Tisches stellen und bei nicht zu großer Hitze warm halten (die Brühe sollte gerade nur sieden).

7 Die Reisnudeln, das gewürfelte Fleisch, den in Streifen geschnittenen Kohl, die geputzten ganzen Bohnen, die Brokkoliröschen, das Basilikum, den Koriander, den Dill und die ganzen Zwiebeln dekorativ auf einer oder mehreren Platten anrichten. Die Schüssel mit der Schalottenmischung und Schälchen mit dunkler Soja-, Austern-, Plflaumen- und Chilisauce dekorativ rund um den Topf anrichten.

8 Ein paar Reisnudeln, einige Kohlstreifen, kleingeschnittene Koriander- und Basilikumblätter, einen Stängel Dill und eine kleingeschnittene Frühlingszwiebel in die Brühe geben.

9 Jeder Gast nimmt sich von Fleisch und Gemüse und gart es in der Brühe, um es anschließend mit der Schalottenmischung oder einer Sauce seiner Wahl zu genießen. Dazu servieren Sie Jasminreis.

Thailändischer Feuertopf

FÜR 4–6 PERSONEN ● ZUBEREITUNG: 15 MINUTEN ● KOCHZEIT: 15 MINUTEN

500 g Seeteufel
1 kg Riesengarnelen
250 g Brokkoli
1 Stück (mind. 3 cm) frischer Ingwer oder 1/2 TL gemahlener Ingwer
1 Knoblauchzehe
1 rote Chilischote
1 Stängel Zitronengras
1 EL Öl
150 g Sojasprossen
1 Glas Fischfond (400 ml) oder selbstgemachter (s. S. 72)
200 ml Kokosmilch
1 EL Currypulver
1 Bund Koriandergrün

Beilage
Jasminreis

1 Den Fisch in 2 cm große Würfel schneiden. Die Köpfe und die Schwänze der Garnelen abtrennen und die Garnelen schälen. Den Brokkoli klein schneiden.

2 Den Ingwer reiben, den Knoblauch zerdrücken, die Chilischote ganz lassen und das Zitronengras fein schneiden. Das Öl im Wok erhitzen und diese Würzmischung darin anbraten. Den Fischfond und die Kokosmilch angießen, den Curry hinzufügen und umrühren. Aufkochen und 10 Minuten köcheln lassen.

3 Den Wok anschließend vom Herd nehmen, das gehackte Koriandergrün hinzufügen, die Chilischote entfernen und die Brühe abschmecken.

4 Den Wok auf einen Rechaud in die Mitte des Tisches stellen. Die Fischstücke, die Garnelen, das Gemüse und die Sojasprossen in kleinen Fonduesieben in der Brühe garen. Dazu passt Jasminreis.

Sommerliche Gemüsefondues

Spargelfondue
mit Vollkornbrot und Ziegenfrischkäse

FÜR 6 PERSONEN
ZUBEREITUNG: 15 MINUTEN
KOCHZEIT: 15 MINUTEN

600 g grüner Spargel
3 Stängel glatte Petersilie
3 Stängel Kerbel
4 Stängel Schnittlauch
Salz
frisch gemahlener Pfeffer
2 EL Crème fraîche
1 EL Olivenöl
6 Scheiben Vollkornbrot
1 Ziegenfrischkäse

1 Den Spargel kleinschneiden. Die Petersilien- und Kerbelblättchen abzupfen. Den Schnittlauch in Röllchen schneiden.

2 In einer Kasserolle 1 Liter Wasser aufkochen und mit Salz und Pfeffer würzen. Den Spargel hineingeben und 15 Minuten kochen. Anschließend die Crème fraîche, die Kräuter und das Olivenöl hinzufügen und das Ganze mit dem Stabmixer pürieren.

3 Das Brot toasten, mit dem Ziegenkäse bestreichen und in Streifen schneiden. Die Brotstreifen bei Tisch in das Spargelfondue tunken.

Das Vollkornbrot (s. S. 133) sollte mindestens einen Tag alt sein. Auch das Kräutercake (s. S 123) passt sehr gut zu diesem sommerlichen Fondue.

Pilzfondue mit frittierten Champignons

FÜR 4 PERSONEN
ZUBEREITUNG: 15 MINUTEN
KOCHZEIT: 15 MINUTEN

250 g Champignons
1 kleine Schalotte
1 EL Olivenöl
200 ml Hühnerbrühe
50 g Sahne
Salz
frisch gemahlener Pfeffer
1 Schuss weißer Balsamico
frisches Baguette oder Cake mit Champignons, in Würfel geschnitten

1 Die Champignons putzen und kleinhacken. Die Schalotte ebenfalls fein hacken.

2 Das Olivenöl in einer Kasserolle erhitzen und die Schalotte bei geringer Hitze darin anschwitzen.

3 Die Champignons hinzufügen und gute 3 Minuten mitbraten. Die Brühe angießen und 15 Minuten bei geringer Hitze köcheln lassen.

4 Die Sahne einrühren und das Ganze weitere 5 Minuten kochen lassen. Anschließend mit dem Stabmixer pürieren, durch ein feines Sieb passieren und mit Salz, Pfeffer und einem Schuss weißen Balsamico abschmecken.

Mit frittierten Champignons (siehe unten), einem Salat und frischem Baguette servieren.
Dazu passt auch der Cake mit Champignons und Reblochon (s. S. 122) sehr gut.

Frittierte Champignons

12 relativ große Champignons
Öl zum Frittieren (z. B. Traubenkernöl)

1 Die Champignons säubern, evtl. kurz waschen und wieder trockentupfen und der Länge nach in dünne Scheiben schneiden.

2 Das Öl in der Friteuse auf 150 °C erhitzen und die Champignonscheiben etwa 5 Minuten darin frittieren.

3 Auf Küchenpapier abtropfen lassen und etwas salzen.

FÜR 4 PERSONEN
ZUBEREITUNG: 15 MINUTEN
KOCHZEIT: 10 MINUTEN

Gemüse der Saison als Beilage

Stangensellerie, grüne, rote oder gelbe Paprikaschoten, Blumenkohl, Karotten, Fenchel, Champignons etc.

10 Knoblauchzehen

100 g Sardellenfilets (in Olivenöl oder Salzlake eingelegt)

120 ml Tasse Olivenöl

150 g Butter

Ciabatta oder italienisches Landbrot

Piemontesisches Gemüsefondue

1 Das Gemüse waschen, putzen, in nicht zu kleine Stifte schneiden bzw. in Röschen zerteilen, in einem großen Korb anrichten und auf den Tisch stellen.

2 Die Knoblauchzehen schälen, mit den Sardellenfilets im Mixer pürieren und langsam das Olivenöl einlaufen lassen. Das Püree in einen Fonduetopf füllen und langsam erhitzen. Die Butter hinzufügen und so lange mit einem Holzspatel rühren, bis sie geschmolzen ist.

3 Den Topf mit dem Rechaud auf den Tisch stellen und bei mittlerer Hitze warm halten.

4 Das Gemüse auf lange Fonduegabeln spießen und in die Sauce tauchen.

Dazu frische Ciabatta oder italienisches Landbrot reichen. Ein ideales Sommerfondue!

FÜR 4 BIS 5 PERSONEN
ZUBEREITUNG: 10 MINUTEN
KOCHZEIT: 30 MINUTEN

5 Knoblauchzehen
250 ml Milch
100 g Sardellenfilets (in Öl)
Gemüse Ihrer Wahl: Sellerie, Fenchel, Paprikaschote, Radieschen, Weiße Rübchen, festkochende Kartoffeln etc.
100 g weiche Butter
100 ml Olivenöl
frisches Baguette oder Ciabatta

Bagna cauda alla novalese

1 Die Knoblauchzehen schälen, zerdrücken und in die Milch geben.

2 Die Sardellenfilets hinzufügen und das Ganze bei sehr geringer Hitze heiß werden, aber nicht kochen lassen. Dabei gelegentlich mit einem Holzspatel umrühren. Die Mischung wird allmählich einkochen.

3 Inzwischen das Gemüse putzen, in Streifen oder Würfel schneiden und beiseitestellen.

4 Die Knoblauchmilch nach 15 Minuten mit dem Stabmixer pürieren, bis eine glatte Paste entstanden ist. Anschließend bei sehr geringer Hitze abwechselnd die Butter und das Olivenöl unterrühren.

5 Die Sauce in eine kleine Stielkasserolle gießen und bei geringster Hitze auf dem Rechaud warm halten.

6 Bei Tisch nimmt sich jeder von dem Gemüse und taucht es in die Sauce. Dazu wird frisches Baguette oder Ciabatta gereicht.

Bagna cauda mit Scampi und Sardinen

1 Den Sellerie waschen, putzen und in 6–8 cm lange Stücke schneiden.

2 Das Olivenöl langsam auf dem Herd erhitzen und die geschälten Knoblauchzehen hinzufügen. Den Topf auf einen Rechaud in die Mitte des Tisches stellen. Die Hitze relativ hoch einstellen, damit das Öl heiß bleibt. Es sollte allerdings nicht kochend heiß sein, damit es nicht spritzt, wenn man die Scampi hineintaucht.

3 Bei Tisch die Scampi- oder Garnelenschwänze und die Fischfilets ins heiße Öl tauchen und mit dem Sellerie, der Mayonnaise und dem Landbrot genießen.

FÜR 4 PERSONEN
ZUBEREITUNG: 15 MINUTEN
KOCHZEIT: 5 MINUTEN

12 Stangen Sellerie
250 ml Olivenöl
4 Knoblauchzehen
24 rohe Scampi- oder Riesengarnelenschwänze, geschält
24 frische Sardinen- oder Sardellenfilets
italienisches Landbrot

Sauce

Mayonnaise (s. S. 151)

Bagna cauda mit Gemüse

1 Das Gemüse waschen. Die Karotten schälen und mit den Zucchini und dem Sellerie in nicht zu kleine Stifte oder Scheiben schneiden. Die Paprikaschote von Kernen und Häutchen befreien und in breite Streifen schneiden. Den Brokkoli in Röschen zerteilen. Die Fenchelknollen sechsteln oder achteln. Das Gemüse anschließend auf einer Platte dekorativ anrichten.

2 Die Sardellenfilets abspülen, trockentupfen und im Mörser mit dem Knoblauch zerstoßen. Die Mischung in einen Topf füllen. Das Öl wie bei einer Mayonnaise in einem feinen Strahl einlaufen lassen, verrühren und mit Pfeffer abschmecken.

3 Die Mischung 10 Minuten langsam erhitzen, in einen Fonduetopf umfüllen und bei geringer Hitze auf dem Rechaud warm halten.

4 Bei Tisch nimmt sich jeder von dem Gemüse und tunkt es in die Sardellensauce. Dazu italienisches Landbrot reichen.

FÜR 4 PERSONEN
ZUBEREITUNG: 15 MINUTEN
KOCHZEIT: 15 MINUTEN

3 Karotten
2 Zucchini
2 Stangen Sellerie
1 Paprikaschote
1 kleiner Brokkoli
2 Knollen Fenchel
1 Bund Radieschen
100 g Sardellenfilets in Öl
4 Knoblauchzehen, geschält
200 ml Olivenöl
frisch gemahlener Pfeffer
italienisches Landbrot

FÜR 6–8 PERSONEN
ZUBEREITUNG: 15 MINUTEN
KOCHZEIT: 40 MINUTEN

1 kleiner Riesenkürbis (etwa 3 kg)
2 Stangen Lauch
1 Zwiebel
2 Knoblauchzehen
50 g Butter
500 ml Milch
500 ml Hühnerbrühe
Salz und Pfeffer
1 Messerspitze geriebene Muskatnuss
200 g Crème fraîche
50 g Parmesan oder Greyerzer, gerieben
frisches Baguette oder Kürbisbrot

Für die Croutons

Altbackenes Weiß- oder Landbrot in kleine Würfel schneiden. Eine beschichtete Bratpfanne mit einer Knoblauchzehe ausreiben und dann die Croutons in Olivenöl sehr kross rösten.

Kürbisfondue

1 Von dem Kürbis einen Deckel abschneiden. Das Fruchtfleisch herauslösen, von Kernen und Fasern befreien und in Stücke schneiden. Den Lauch waschen und die Zwiebel schälen, beides fein schneiden. Den Knoblauch schälen und zerdrücken.

2 Die Butter in einem Schmortopf erhitzen und Lauch, Zwiebel und Knoblauch bei mittlerer Hitze darin anbraten. Das Kürbisfleisch hinzufügen und das Ganze weitere 5 Minuten braten. Die Milch und die Brühe angießen, mit Salz, Pfeffer und Muskatnuss abschmecken und 30–35 Minuten köcheln lassen. Anschließend mit dem Stabmixer pürieren und die Crème fraîche einrühren, nochmals abschmecken.

3 Die Kürbiscreme in einen Fonduetopf oder in die ausgehöhlte Kürbisschale füllen (die Kürbisschale vorher in Alufolie oder Pergamentpapier einschlagen und im heißen Backofen erhitzen). Den Fonduetopf bei kleiner Hitze auf den Rechaud stellen und die Kürbiscreme mit Croûtons und dem geriebenen Käse bestreuen. Die Creme immer mal wieder umrühren, sie setzt sonst an.

Dazu passt das Kürbisbrot mit Blutwurst (s. S. 126) und ein knackiger Salat.

FÜR 4 PERSONEN
ZUBEREITUNG: 30 MINUTEN
KOCHZEIT: 30 MINUTEN

2 Zwiebeln
6 Knoblauchzehen
Olivenöl
1 Dose geschälte Tomaten
1/2 Döschen Tomatenmark (etwa 70 g)
Salz und Pfeffer
800 g Comté* oder Greyerzer
200 ml Weißwein
mind. 16 kleine Kartoffeln, mit Schale gekocht

Tomaten-Käse-Fondue

1. Die Zwiebeln und den Knoblauch schälen und sehr fein schneiden. Etwas Olivenöl in einem Fonduetopf erhitzen und beides darin anbraten.
2. Die Tomaten abtropfen lassen, mit dem Tomatenmark zu den Zwiebeln und dem Knoblauch geben und das Ganze mit Salz und Pfeffer abschmecken.
3. Den Käse in dünne Scheiben schneiden.
4. Den Topf auf den Rechaud stellen und bei geringer Hitze den Käse und den Weißwein hinzufügen und so lange mit einem Holzspatel rühren, bis der Käse geschmolzen ist.
5. Kartoffeln pellen und in die Tomaten-Käse-Masse tauchen.

Süße Fondues

FÜR 4 PERSONEN
ZUBEREITUNG: 30 MINUTEN
KOCHZEIT: 5 MINUTEN

300 g Zartbitterschokolade (mind. 60% Kakaoanteil)
1 Vanilleschote
250 ml Milch
250 g Sahne
50 g Butter
200 g Zucker
Obst der Saison, Madeleines oder Zimtkugeln

Klassisches Schokoladenfondue

1 Die Schokolade in kleine Stücke brechen und beiseitestellen.

2 Die Vanilleschote der Länge nach aufschlitzen und das Mark mit einem Teelöffel herauskratzen.

3 Milch, Sahne, Zucker und Vanillemark in einem Fonduetopf kurz aufkochen.

4 Den Topf vom Herd nehmen und die Schokolade portionsweise mit einem Holzspatel einrühren. Sobald die Schokolade geschmolzen ist, den Topf auf den Rechaud stellen und die Schokoladensauce bei mittlerer Hitze warm halten.

5 Lassen Sie sich das Fondue mit in Würfel oder Scheiben geschnittenem Obst (Äpfel, Birnen, Bananen, Erdbeeren etc.) schmecken.

Dazu reichen Sie z. B. Zimtkugeln (s. S. 144) oder Mini-Madeleines (s. S. 142) oder kleine Walnusskuchen (s. S. 130).
Das klassische Schokoladenfondue für jede Jahreszeit.

STAUB

Schokoladenfondue mit Sesam und Apfel

FÜR 4 PERSONEN
ZUBEREITUNG: 30 MINUTEN
KOCHZEIT: 5 MINUTEN

2 Äpfel (Granny Smith)
30 g Zucker
1 walnussgroßes Stück Butter
60 g Zartbitterschokolade (mind. 70 % Kakaoanteil)
80 g Vollmilchschokolade
650 ml frische Milch
45 g dunkle oder helle Sesampaste (in Asialäden erhältlich)

1 Die Äpfel schälen, von den Kerngehäusen befreien und in große Würfel schneiden.

2 Den Zucker bei geringer Hitze in einer Kasserolle karamellisieren lassen. Die Apfelstücke hinzufügen, vorsichtig umrühren und das Ganze 5 Minuten bei geringer Hitze köcheln lassen. Die Butter unterrühren und beiseitestellen.

3 Die Schokolade hacken. Die Milch in einem Fonduetopf aufkochen. Die Schokolade mit 30 ml Wasser und der Sesampaste hineingeben. Mit einem Holzspatel umrühren und so lange kochen lassen, bis das Fondue etwas eindickt.

4 Den Topf auf einen Rechaud stellen und das Fondue bei geringer Hitze warm halten. Jeder Gast spießt Apfelstückchen auf seine Fonduegabel und taucht sie in die Schokolade.

Für den Sommer ebenso geeignet wie für den Winter.

FÜR 4 PERSONEN
ZUBEREITUNG: 10 MINUTEN
KOCHZEIT: 20 MINUTEN

1 unbehandelte Zitrone
100 g Sahne
160 g ungezuckerte Kondensmilch
200 g Zucker
40 g halbgesalzene Butter
Obst der Saison und Waffeln oder Bricelets

Karamellfondue

1 Die Hälfte der Zitronenschale abreiben.

2 Die Sahne in einer kleinen Kasserolle aufkochen, den Topf vom Herd nehmen und die Zitronenschale und die Kondensmilch hinzufügen.

3 Den Zucker mit etwas Wasser in einen Fonduetopf geben und bei geringer Hitze schmelzen, bis ein goldgelber Karamell entstanden ist. Dabei ständig mit einem Holzlöffel umrühren. Die Butter in kleinen Stücken unterrühren. Die Sahnemischung hinzufügen und so lange rühren, bis eine glatte Creme entstanden ist.

4 Den Topf auf den Rechaud stellen und das Fondue bei geringster Hitze warm halten.

5 Lassen Sie sich das Fondue mit in Würfel geschnittenem Obst (Bananen, Erdbeeren, Äpfel, Ananas ...) schmecken.

Dazu reichen Sie knusprig karamellisierte Waffeln und Gewürz-Bricelets (s. S. 147).

Kaltes Schokoladenfondue

mit marinierter Ananas

FÜR 4 PERSONEN
ZUBEREITUNG: 15 MINUTEN
KOCHZEIT: 5 MINUTEN
RUHEZEIT: ÜBER NACHT

3 Tafeln Herrenschokolade (à 150 g)

600 ml Milch

1 reife Ananas

500 ml Wasser

150 g Zucker

2 Sternanis

1 Genueser Brot* oder kleine Walnusskuchen

Puderzucker

Am Vortag

1 Die Schokolade hacken. 400 ml Milch erhitzen und die Schokolade darin schmelzen. Sobald eine glänzende Masse entstanden ist, die restliche kalte Milch hinzufügen, umrühren und die Sauce über Nacht kalt stellen.

2 Die Ananas schälen, das Fruchtfleisch in Scheiben und danach in Würfel schneiden.

3 Das Wasser langsam mit dem Zucker und dem Sternanis erhitzen und über die Ananas gießen. Die Ananas dann ebenfalls über Nacht kalt stellen.

Am Folgetag

1 Unmittelbar vor dem Servieren das Genueser Brot in kleine Würfel schneiden. Die Würfel auf einem Backblech verteilen, mit Puderzucker bestäuben und unter dem Backofengrill knusprig backen.

2 Das kalte Fondue mit der Ananas und dem Genueser Brot auf dem Tisch anrichten, sodass jeder Gast die Frucht- und Gebäckwürfel auf seine Gabel spießen und in die Schokolade tauchen kann.

Die kleinen Walnusskuchen (s. S. 130) passen hervorragend zu diesem kalten Fondue. Eine wunderbare Abkühlung an heißen Sommertagen.

FÜR 4 PERSONEN
ZUBEREITUNG: 20 MINUTEN
KOCHZEIT: ETWA 10 MINUTEN

Kaltes englisches Sommerfondue

4 Vanilleschoten
300 ml Vollmilch
400 g Sahne
8 Eigelb
170 g Zucker
Gewürzbrot oder Madeleines

1. Die Vanilleschoten der Länge nach aufschlitzen und das Mark mit einem kleinen Messer herauskratzen. Die Schoten mit der Milch und der Sahne in einer Kasserolle aufkochen, etwa 10 Minuten ziehen lassen und anschließend abseihen.
2. Die Eigelb 5 Minuten kräftig mit dem Zucker verrühren. Nach und nach die Vanillemilch angießen und dabei ständig mit einem Holzspatel rühren.
3. Die Mischung in eine Kasserolle gießen und bei mittlerer Hitze heiß werden lassen. Dabei ständig mit einem Holzspatel rühren und unbedingt darauf achten, dass die Creme nicht kocht. Den Topf anschließend vom Herd nehmen und langsam weiterrühren, bis die Creme vollkommen sämig ist. Um festzustellen, ob die Creme fertig ist, den Holzspatel hineintauchen und mit dem Finger darüberfahren: Der Finger muss eine Spur hinterlassen. (Wenn Sie ein Thermometer verwenden, die Creme bei 83 °C vom Herd nehmen).
4. Die Creme abkühlen lassen – dabei gelegentlich umrühren – und danach in den Kühlschrank stellen.
5. Die kalte Creme mit klein geschnittenem Gebäck servieren.

Dazu passen Gewürzbrot mit Kakao (s. S. 137) oder Schokoladen-Madeleines (s. S. 140) sowie Gewürzbrot mit Zitronat (s. S. 138) ganz hervorragend. Ideal als sommerliches Fondue für Balkon und Garten, aber auch als Nachtisch zu jeder Jahreszeit.

FÜR 4 PERSONEN
ZUBEREITUNG: 2 MINUTEN
KOCHZEIT: 25–30 MINUTEN

1 l Milch
2 EL grüner Tee
500 g Zucker
Früchtecake oder Waffeln oder Bricelets

Sommerliches Milchfondue
mit grünem Tee

1 Die Milch mit dem Tee in einen Fonduetopf geben, langsam erhitzen und den Zucker darin auflösen.

2 Anschließend aufkochen und 25–30 Minuten bei geringer Hitze köcheln lassen, bis eine dicke, karamellfarbene Creme entstanden ist. Dabei gelegentlich umrühren.

Servieren Sie das Fondue mit in Würfel geschnittenem Früchtecake (s. S. 121), Waffeln oder Gewürz-Bricelets (s. S. 141). Gleichermaßen sommer- wie wintertauglich.

Sommerliches Weinfondue
mit rotem Obst

1 Den Wein mit Zucker, Gewürznelke, Pfefferkörnern und Zimt aufkochen und um die Hälfte reduzieren.

2 Abkühlen lassen, abseihen und den Mohnlikör unterrühren.

3 Den Wein über das klein geschnittene Obst gießen und das Fondue etwa 1 Stunde kalt stellen.

Dazu servieren Sie Gewürz-Bricelets oder knusprig karamellisierte Waffeln (s. S. 147). Sie passen besonders gut zu diesem spritzigen Sommerfondue.

FÜR 4 PERSONEN
ZUBEREITUNG: 15 MINUTEN
KOCHZEIT: 15 MINUTEN

750 ml Rotwein (Burgunder oder Pinot)
100 g Zucker
1 Gewürznelke
20 getrocknete grüne Pfefferkörner
2 Messerspitzen gemahlener Zimt
3 EL Mohnlikör
1 kg gemischtes rotes Obst (Kirschen, Erdbeeren, Brombeeren, Himbeeren, Heidelbeeren etc.)
einige Minzeblättchen zum Garnieren

Schokoladenfondue
mit Litschis

FÜR 4 PERSONEN
ZUBEREITUNG: 15 MINUTEN
KOCHZEIT: 5 MINUTEN

200 g Zartbitterschokolade (mind. 60 % Kakaoanteil)
20 g Butter in kleinen Stücken
50 g Crème double*
300 g Litschis

1 Die Schokolade hacken und im Wasserbad schmelzen. Dabei vorsichtig mit einem Holzlöffel umrühren, bis die Masse vollkommen glatt ist, dann die Butter und die Crème double einrühren, bis alles geschmolzen ist und die Sauce schön glänzt.

2 Die Litschis entsteinen und auf einer vorgewärmten Platte anrichten.

3 Die Schokoladenmasse in einen Fonduetopf füllen und auf einen Rechaud bei geringer Hitze warm halten.

4 Mit langen Holzspießen servieren, auf die die Gäste ihre Litschis aufspießen können, um sie anschließend in die Schokolade zu tauchen.

Ein süßes Fondue mit asiatischem Anklang. Perfekt für einen kalten Nachmittag im Winter, aber auch für alle anderen Jahreszeiten.

Brot und Gebäck zum Tunken

Früchtecake

FÜR 4 PERSONEN
ZUBEREITUNG: 20 MINUTEN
MARINIERZEIT: 1 STUNDE
BACKZEIT: 45 MINUTEN

300 g getrocknete Feigen
200 g Backpflaumen
200 g getrocknete Aprikosen
100 ml Rum
50 g geschälte Mandeln
30 g Haselnüsse
50 g Cashewkerne
30 g geschälte Pistazien
50 g Mehl
1/2 TL Zimt
2 gemahlene Gewürznelken
50 g Orangeat und Zitronat
Butter für die Form
2 Eier
75 g Honig

Außerdem
1 Kastenform (26 cm)

1 Eine Stunde im Voraus die Feigen, die Pflaumen und die Aprikosen in Stücke schneiden, in eine Schüssel geben, mit dem Rum übergießen und 1 Stunde bei Zimmertemperatur ziehen lassen.

2 Mandeln, Haselnüsse, Cashewkerne und Pistazien im Mixer grob hacken und in einer Schüssel mit dem Mehl und den Gewürzen vermengen.

3 Das Orangeat und das Zitronat fein hacken und unter die Nüsse mischen.

4 Den Backofen auf 165 °C (145 °C Umluft) vorheizen. Eine Kastenform (22 cm) mit Butter einfetten.

5 Die Eier kräftig mit dem Schneebesen verrühren, den Honig, die Nussmischung und die Früchte hinzufügen und alles gut verrühren. Den Teig in die Form gießen und 45 Minuten backen.

6 Den Kuchen anschließend etwas abkühlen lassen, aus der Form stürzen und vollständig auskühlen lassen.

Passt hervorragend zu jedem der traditionellen Käsefondues!

Cake mit Champignons und Reblochon

FÜR 4 PERSONEN
ZUBEREITUNG: 15 MINUTEN
RUHEZEIT: 30 MINUTEN
BACKZEIT: 45 MINUTEN

150 g Champignons
1 walnussgroßes Stückchen Butter
100 ml Erdnussöl
150 g Reblochon*
3 Eier
150 g Mehl
1 Päckchen (10 g) Hefe
120 ml lauwarme Milch
Salz und Pfeffer
100 g geriebener Greyerzer

Außerdem
1 Kastenform (26 cm)

1. Den Backofen auf 180 °C (160 °C Umluft) vorheizen.
2. Die Champignons putzen und klein schneiden. Die Butter mit 1 Esslöffel Öl in einer Pfanne erhitzen und die Pilze darin 5 Minuten anbraten.
3. Den Reblochon in etwa 1 cm große Würfel schneiden und in einer Schüssel mit den Champignons vermengen.
4. Die Eier mit dem Mehl und der Hefe verrühren, das restliche Öl und die Milch unterrühren und mit 1 Prise Salz und Pfeffer würzen. Anschließend den Greyerzer und zum Schluss die Champignon-Käse-Mischung unterheben.
5. Eine Kastenform mit Backpapier auslegen und den Teig einfüllen.
6. Den Teig 30 Minuten ruhen lassen und 45 Minuten backen.
7. Den Cake nach dem Backen 5 Minuten ruhen lassen und danach vorsichtig aus der Form stürzen.

Servieren Sie diesen Cake zum Pilzfondue (s. S. 94).

FÜR 4 PERSONEN
ERGIBT 8 KLEINE CAKES
ZUBEREITUNG: 15 MINUTEN
BACKZEIT: 35 MINUTEN

Kräutercake

1 Bund Kerbel
1 Bund Estragon
3 Stängel glatte Petersilie
3 Eier
150 g Mehl
1 Päckchen Backpulver
Salz und Pfeffer
100 ml Olivenöl
100 ml Milch
100 g geriebener Greyerzer
Butter für die Form

Außerdem

1 Kastenform (26 cm) oder 8 kleine Formen (s. Foto) oder 1 Muffinblech

1. Den Backofen auf 180 °C (160 °C Umluft) vorheizen.
2. Die Kräuter fein schneiden.
3. In einer Schüssel Eier, Mehl und Backpulver miteinander vermengen und mit Salz und Pfeffer würzen.
4. Das Öl und die Milch leicht erwärmen und lauwarm unter das Mehl rühren. Anschließend den Greyerzer und die Kräuter untermischen.
5. Den Teig auf 8 kleine, mit Butter eingefettete Formen (oder eine große Form) verteilen und 30–35 Minuten backen.

FOTO SIEHE FOLGENDE DOPPELSEITE

Servieren Sie den Kräutercake zum Pilzfondue (s. S. 94), zum Fondue mit grünem Spargel (s. S. 93) oder zu den Austern in Gemüsebrühe (s. S. 62).

Kürbisbrot mit Blutwurst

Das Kürbisbrot passt hervorragend zum Kürbisfondue (s. S. 101).

ERGIBT 2 BROTE (À ETWA 400 G)
AM VORTAG BACKEN
ZUBEREITUNG: 15 MINUTEN
BACKZEIT: 40–50 MINUTEN
RUHEZEIT: 2 1/2 STUNDEN

300 g Riesenkürbis
1 TL Zucker
1 Päckchen Trockenhefe oder
15 g frische Hefe
500 g Mehl
10 g Salz
100 g Blutwurst
100 g geriebener Parmesan

1 Den Kürbis schälen, das Fruchtfleisch in Stücke schneiden und im Mixer pürieren.

2 Den Zucker in einem Glas in 100 ml lauwarmem Wasser auflösen. Die Hefe hinzufügen, umrühren und die Hefe etwa 10 Minuten gehen lassen.

3 Das Mehl auf die Arbeitsfläche sieben. Das Salz und das Kürbispüree dazugeben und alles mit den Händen vermengen. In die Mitte eine Mulde drücken, die Hefe umrühren und in die Mulde gießen.

4 Die Zutaten 5–6 Minuten mit den Händen verkneten: den Teig zu einer Kugel formen, flachdrücken, wieder zu einer Kugel formen etc. Den Teig, sobald er glatt und elastisch ist, in eine mit Mehl ausgestäubte Terrine legen, mit einem Geschirrtuch abdecken und an einem warmen Ort etwa 2 Stunden gehen lassen, bis er sein Volumen verdoppelt hat.

5 Anschließend mit den Fingerspitzen auf den Teig klopfen, damit die Luft entweicht (der Teig fällt dann wieder zusammen). Den Teig 2–3 Minuten auf der Arbeitsfläche ruhen lassen und danach 2 längliche Brote daraus formen. Die Brote auf ein bemehltes Backblech legen und 4- bis 5-mal mit einem spitzen Messer einritzen. Die Brote mit einem Geschirrtuch abdecken und nochmals etwa 20 Minuten bei Zimmertemperatur gehen lassen. Den Backofen auf 210 °C (190 °C Umluft) vorheizen.

6 Die Brote 40–50 Minuten backen, bis die aufgegangen sind und eine goldbraune Kruste haben. Aus dem Ofen nehmen und auskühlen lassen. Das Kürbisbrot schmeckt am besten, wenn man es erst einen Tag nach dem Backen genießt.

7 Kurz vor dem Servieren die Blutwurst in Scheiben schneiden, mit dem Parmesan bestreuen und kurz unter den Backofengrill schieben.

8 Das Brot in Scheiben schneiden und mit der Blutwurst bestreichen. Die Scheiben danach in Würfel schneiden und in das Kürbisfondue tunken.

Safranbrot

Das Safranbrot zum Fischfondue in aromatischer Brühe oder zum Lachsfondue in Safranbouillon (s. S. 67 und 72) servieren.

ERGIBT 1 BROT
ZUBEREITUNG: 15 MINUTEN
RUHEZEIT: 100 MINUTEN
BACKZEIT: 30–40 MINUTEN

20 g Hefe
1–2 g gemahlener Safran oder Safranfäden
100 g Butter
1/2 TL Zucker
300 ml Milch
1 kg Mehl Typ 550
1/2 TL Salz
1 Eigelb
50 g Mandeln
Butter für die Form

Außerdem
1 Kastenform (26 cm)

1 Die Hefe in 50 ml lauwarmem Wasser, den Safran in 2 Esslöffeln kochendem Wasser auflösen. Die Butter und den Zucker in 200 ml heißer, aber nicht kochender Milch schmelzen und etwas abkühlen lassen.

2 Das Mehl mit dem Salz in eine große Schüssel sieben. In die Mitte eine Mulde drücken und die Hefe, den Safran und die Milchmischung hineingießen. Das Eigelb hinzufügen und die Zutaten gründlich, zunächst mit einem Spatel und dann mit den Händen, zu einem glatten Teig verarbeiten.

3 Den Teig gut 5 Minuten auf der Arbeitsfläche durchkneten, anschließend in eine Schüssel legen, mit einem Geschirrtuch abdecken und etwa 1 Stunde bei Zimmertemperatur ruhen lassen.

4 Die Mandeln grob hacken. Eine Kastenform mit Butter einfetten. Mit den Handballen kräftig auf den Teig drücken, damit die Luft entweicht, und die Mandeln gleichmäßig einkneten.

5 Den Teig in die Form drücken, mit einem Geschirrtuch abdecken und nochmals 40 Minuten bei Zimmertemperatur gehen lassen.

6 Den Backofen auf 180 °C (160 °C Umluft) vorheizen.

7 Den Teig mit der restlichen Milch bepinseln und 30–40 Minuten backen. Anschließend etwas abkühlen lassen und aus der Form stürzen.

Gewürztoast

1 Die Butter bei geringer Hitze in einer Kasserolle zerlassen.

2 Die Hefe in ein Glas krümeln und in dem lauwarmen Wasser auflösen.

3 Das Mehl in der Küchenmaschine mit Ei, Hefe, Milch, Zucker, Salz, der zerlassenen Butter und dem Vier-Gewürze-Pulver* verrühren, bis sich der Teig von den Wänden der Rührschüssel löst und eine Kugel bildet. Den Teig aus der Schüssel nehmen, in Frischhaltefolie einschlagen und 1 Stunde an einem kühlen Ort gehen lassen.

4 Die Luft aus dem Teig schlagen (er muss dann wieder zusammenfallen), den Teig ausrollen und mit dem Schwarzkümmel und dem Sumach bestreuen. Den Teig zu einer Rolle in der Länge der Kastenform formen, in die Form legen, mit einem Geschirrtuch abdecken und nochmals 45 Minuten an einem warmen Ort gehen lassen.

5 Inzwischen den Backofen auf 180 °C (160 °C Umluft) vorheizen.

6 Das Brot 30–40 Minuten backen. Um festzustellen, ob es durchgebacken ist, mit einem spitzen Messer hineinstechen: Das Messer muss sauber und trocken bleiben.

Den Gewürztoast zu den Steinpilzravioli mit Hühnerbrühe (s. S. 61) und zum Austernfondue (s. S. 47) servieren.

FÜR 6 BIS 8 PERSONEN
ZUBEREITUNG (2 STUNDEN IM VORAUS): 10 MINUTEN
RUHEZEIT: 1 3/4 STUNDEN
BACKZEIT: 30 MINUTEN

15 g Butter
7 g Hefe
30 ml lauwarmes Wasser
190 g Mehl
1 Ei
60 ml Milch
7 g Zucker
1 TL Salz
1 TL Vier-Gewürze-Pulver*
1 TL gemahlener Schwarzkümmel
1 TL Gewürzsumach*

Außerdem
1 Kastenform (26 cm)

Kleine Walnusskuchen

Die Walnusskuchen passen hervorragend zum Englischen Fondue (s. S. 112), zum Schokoladenfondue (s. S. 106) und zum kalten Schokoladenfondue (s. S. 110).

FÜR 4 PERSONEN
ZUBEREITUNG: 30 MINUTEN
BACKZEIT: 18 MINUTEN

125 g weiche Butter + 20 g für die Formen
6 Eier
125 g Zucker
200 g Sahne
250 g Walnusskerne
80 g Mehl

Außerdem
8 kleine Formen s. Foto S. 124
oder 1 Muffinblech

1 Den Backofen auf 180 °C (160 °C Umluft) vorheizen.

2 Die Eier trennen. Die Eigelb in einer Schüssel mit dem Zucker verrühren. Nach und nach die weiche Butter und die Sahne unterrühren, bis eine glatte, cremige Masse entstanden ist.

3 Acht Formen mit der zerlassenen restlichen Butter einfetten.

4 Die Walnusskerne im Mixer fein mahlen und mit dem Mehl mischen.

5 Die Eiweiß mit dem Handmixer zu sehr steifem Schnee schlagen.

6 Das Mehl mit der Eiermischung verrühren und zum Schluss den Eischnee unterheben. Den Teig auf die Formen verteilen (die Formen sollten zu drei Viertel gefüllt sein) und 18 Minuten backen.

7 Die Kuchen aus den Formen stürzen und lauwarm zu einem Fondue Ihrer Wahl servieren.

Maisbrot

Passt zu Gemüse-, Käse- oder Bouillonfondues, aber auch zu Ravioli mit Foie gras in Geflügelbrühe (s. S. 59).

FÜR 4 BIS 6 PERSONEN
ZUBEREITUNG: 10 MINUTEN
BACKZEIT: 35 MINUTEN
RUHEZEIT: 90 MINUTEN

320 g Mehl
100 ml lauwarme Milch
20 g Hefe
200 g feiner Maisgrieß
150 ml Maiskeimöl
250 g Maiskörner aus der Dose
4 Eier
1 kg Crème double
8 g Salz
2–3 TL Salz

Außerdem
1 Kastenform (26 cm)

1 Zunächst einen Vorteig anrühren. Dazu 70 g Mehl mit der lauwarmen Milch und der zerkrümelten Hefe verrühren und 30 Minuten bei Zimmertemperatur ruhen lassen.

2 Die restlichen Zutaten in einer großen Schüssel zu einem Teig verrühren und anschließend den Vorteig untermengen.

3 Eine Kastenform mit Backpapier auslegen und zu zwei Dritteln mit dem Teig füllen. Den Teig nochmals eine gute Stunde bei Zimmertemperatur gehen lassen.

4 Inzwischen den Backofen auf 180 °C (160 °C Umluft) vorheizen.

5 Das Maisbrot 35 Minuten backen.

Maistoast

Der Maistoast ist eine Mischung aus Brot und Kuchen. Er passt hervorragend zu Ravioli mit Foie gras in Geflügelbrühe (s. S. 59), aber auch zu den anderen traditionellen europäischen Fondues.

FÜR 4 BIS 6 PERSONEN
ZUBEREITUNG: 10 MINUTEN
BACKZEIT: 30–40 MINUTEN

200 g Maismehl
140 g Mehl
1 Päckchen Backpulver
1 Prise Salz
2 Eier
140 g Butter
80 g Zucker
400 ml Milch
Butter für die Form

Außerdem
1 Kastenform (26 cm)

1 Den Backofen auf 200 °C (180 °C Umluft) vorheizen.

2 Das Maismehl mit dem Mehl, dem Backpulver und dem Salz in eine Schüssel sieben.

3 Die Eier verquirlen und das Mehl mit dem Handmixer unterrühren. Die zerlassene Butter, den Zucker und die Milch hinzufügen und so lange rühren, bis ein glatter, weicher Teig entstanden ist.

4 Eine Kastenform mit Butter einfetten und den Teig einfüllen.

5 Den Maistoast 30–40 Minuten backen. Um festzustellen, ob er durchgebacken ist, mit einem spitzen Messer hineinstechen: Das Messer muss sauber und trocken bleiben.

Feigenbrot

Das Feigenbrot passt hervorragend zu einem traditionellen Käsefondue sowie zu den Ravioli mit Foi gras (s. S. 59).

ERGIBT 1 BROT
ZUBEREITUNG: 15 MINUTEN
RUHEZEIT: 90 MINUTEN
BACKZEIT: 20 MINUTEN

2 TL Trockenhefe oder 12 g frische Hefe
230 ml Wasser
1 EL Olivenöl
350 g Mehl
1 TL Salz
2 TL Zucker
60–100 g getrocknete Feigen

Außerdem
1 Kastenform (26 cm)

ZUBEREITUNG IM BROTBACKAUTOMAT

1 Die Hefe in etwas lauwarmem Wasser auflösen.

2 Sämtliche Zutaten bis auf die Feigen in der angegebenen Reihenfolge in den Automaten (Normal- oder Schnellprogramm) geben.

3 Die Feigen grob hacken und beim Signal »Zutaten hinzufügen« oder etwa 15 Minuten nach dem Start des Programms in den Automaten geben.

ZUBEREITUNG IM BACKOFEN

1 Die Hefe in etwas lauwarmem Wasser auflösen.

2 Das Mehl in der Küchenmaschine mit der angerührten Hefe, dem Olivenöl, dem Zucker und dem Salz verrühren. Den Teig dann zunächst 8 Minuten auf kleinster und anschließend 3 Minuten auf mittlerer Stufe kneten. Die gehackten Feigen hinzufügen und auf kleinster Stufe unterkneten.

3 Den Teig anschließend in Frischhaltefolie einschlagen und 10 Minuten ruhen lassen. Danach abklopfen, damit die Luft entweicht, nochmals durchkneten und – wiederum in Frischhaltefolie verpackt – 20 Minuten ruhen lassen. Anschließend in die Form drücken, mit Frischhaltefolie abdecken und je nach Raumtemperatur Ihrer Küche nochmals 45–60 Minuten gehen lassen.

4 Den Backofen auf 220 °C (200 °C Umluft) vorheizen. Ein kleines feuerfestes Glas mit Wasser in den Backofen stellen (damit das Brot eine knusprige Kruste bekommt) und das Brot je nach Größe der Form etwa 20 Minuten backen.

Vollkornbrot

Das Vollkornbrot können Sie zu allen traditionellen Käsefondues servieren. Es passt aber auch gut zum Spargelfondue (s. S. 93)

ERGIBT 1 GROSSES BROT
AM VORTAG BACKEN
ZUBEREITUNG: 30 MINUTEN
RUHEZEIT: 160 MINUTEN
BACKZEIT: 30–40 MINUTEN

15 g Hefe
700 g Weizenvollkornmehl
1 EL Salz
2 EL Erdnuss- oder Sonnenblumenöl
10 g Butter für die Form
2 EL Haferflocken (zum Bestreuen)

Außerdem

1 Kastenform (26 cm)

DAS VOLLKORNMEHL KANN AUCH DURCH EINE MISCHUNG AUS WEIZEN-, ROGGEN- DINKEL- ODER HAFERMEHL ERSETZT WERDEN. DABEI SOLLTE DAS WEIZENMEHL JEDOCH EINEN MÖGLICHST GROSSEN ANTEIL AUSMACHEN, DAMIT DIE KRUME SCHÖN LOCKER WIRD.

1 Die Hefe in 50 ml lauwarmem Wasser auflösen. In einer Schüssel das Mehl mit dem Salz mischen. In die Mitte eine Mulde drücken und die Hefe, 400 ml Wasser und die Hälfte des Öls hineingießen. Die Zutaten sorgfältig vermengen und den Teig kräftig durcharbeiten. Anfangs wird er klebrig und sehr feucht sein, doch je länger er geknetet wird, desto mehr Wasser saugt das Weizenmehl auf.

2 Den Teig nochmals etwa 10 Minuten auf der Arbeitsfläche durchkneten, zu einer Kugel formen, mit dem restlichen Öl bestreichen und in eine Schüssel legen. Mit einem feuchten Tuch abdecken und 2 Stunden bei Zimmertemperatur ruhen lassen.

3 Den Teig anschließend auf der bemehlten Arbeitsfläche abklopfen, damit die Luft entweicht und nochmals einige Minuten durchkneten.

4 Eine Kastenform mit der Butter einfetten und mit den Haferflocken ausstreuen. Den Teig in die Form drücken, mit einem Geschirrtuch abdecken und nochmals 30–40 Minuten bei Zimmertemperatur gehen lassen, bis er sein Volumen verdoppelt hat.

5 Den Backofen auf 210 °C (190 °C Umluft) vorheizen. Das Brot 30–40 Minuten backen und anschließend auf einem Kuchengitter auskühlen lassen.

6 Das Vollkornbrot schmeckt einen Tag nach dem Backen am besten.

Walnuss-Rosinen-Brot

Passt ausgezeichnet zu allen traditionellen Käsefondues.

ERGIBT 1 GROSSES RUNDES ODER LÄNGLICHES BROT
NACH MÖGLICHKEIT AM VORTAG BACKEN
ZUBEREITUNG: 20 MINUTEN
RUHEZEIT: 4 1/2 STUNDEN
BACKZEIT: 45 MINUTEN

150 ml Milch
15 g Hefe
350 g Weizenmehl
220 g Roggenmehl
1 1/2 TL Salz
150 g Walnusskerne, gehackt
100 g Rosinen
Öl für die Form

Außerdem
1 Kastenform (26 cm)

1 150 ml Wasser mit der Milch erwärmen. Ein halbes Glas von der lauwarmen Wasser-Milch-Mischung abnehmen und die zerkrümelte Hefe darin auflösen.

2 In einer Schüssel das Mehl mit dem Salz mischen. In die Mitte eine Mulde drücken, die angerührte Hefe und anschließend das restliche Wasser-Milch-Gemisch hineingießen und alles zu einem weichen, nicht klebenden Teig verarbeiten.

3 Den Teig etwa 10 Minuten auf der Arbeitsfläche durchkneten, bis er fest und elastisch ist. Anschließend in eine Schüssel legen, mit einem feuchten Tuch abdecken und 3 Stunden bei Zimmertemperatur ruhen lassen.

4 Den Teig auf der bemehlten Arbeitsfläche abklopfen, damit die Luft entweicht. Anschließend etwas ausrollen und die Nüsse und die Rosinen in der Mitte verteilen. Den Teig darüberschlagen und mehrmals durchkneten, damit sich die Früchte gleichmäßig verteilen.

5 Den Teig zu einer Kugel formen oder in eine leicht geölte Kastenform drücken. Mit einem Geschirrtuch abdecken und etwa 1 1/2 Stunden bei Zimmertemperatur gehen lassen.

6 Den Backofen auf 180 °C (160 °C Umluft) vorheizen. Das Brot mit Wasser bepinseln und 45 Minuten backen.

7 Das Brot anschließend etwas abkühlen lassen, aus der Form stürzen und auf einem Kuchengitter vollständig auskühlen lassen.

8 Das Walnuss-Rosinen-Brot schmeckt einen Tag nach dem Backen am besten.

Salziges Gewürzbrot mit Kerbel

Servieren Sie dieses Brot zum kalten Käsefondue (s. S. 39).

FÜR 4 BIS 6 PERSONEN
ZUBEREITUNG: 10 MINUTEN
BACKZEIT: 15–20 MINUTEN
2 TAGE IM VORAUS ZUBEREITEN

3 Eier
150 ml Milch
125 g Honig
125 g Mehl
125 g Roggenmehl
1 TL Vier-Gewürze-Pulver*
1/2 TL Salz
20 g Backpulver
1 Bund Kerbel
Butter für die Form

Außerdem
1 Kastenform (26 cm)

1 Den Backofen auf 190 °C (170 °C Umluft) vorheizen.

2 Die Kerbelblättchen abzupfen. Die Zutaten in der angegebenen Reihenfolge miteinander vermengen.

3 Eine Kastenform mit Butter einfetten und mit Mehl ausstäuben und den Teig einfüllen.

4 Das Gewürzbrot 15–20 Minuten backen. Um festzustellen, ob das Brot durchgebacken ist, mit einem spitzen Messer hineinstechen: Das Messer muss sauber und trocken bleiben.

5 Das Brot anschließend auf ein Kuchengitter stürzen, auskühlen lassen und 2 Tage an einem trockenen, kühlen Platz aufbewahren.

Die Gewürzbrote am besten erst zwei Tage nach dem Backen servieren.

Süßes Gewürzbrot mit Kakao

Das Brot passt hervorragend zum Englischen Sommerfondue (s. S. 112).

FÜR 4 PERSONEN
ZUBEREITUNG: 25 MINUTEN
BACKZEIT: 45 MINUTEN
2 TAGE IM VORAUS ZUBEREITEN

3 Gewürznelken
125 g Roggenmehl
250 g weißes Mehl
1 TL Anis
1/2 TL gemahlener Zimt
1 Päckchen Vanillinzucker
250 g Tannenhonig
20 g Kakao
150 ml Milch
1 Päckchen Hefe
1 Ei
Butter für die Form

Außerdem
1 Kastenform (26 cm)

1 Den Backofen auf 180 °C (160 °C Umluft) vorheizen. Eine Kastenform mit Butter einfetten und mit Mehl ausstäuben.

2 Die Gewürznelken zerdrücken. Das Mehl in der Küchenmaschine mit Anis, Zimt, den zerdrückten Gewürznelken, Vanillinzucker, Honig und Kakao verrühren.

3 Die Milch aufkochen, etwas abkühlen lassen und die Hefe darin auflösen. Die Milch nach und nach unter die Mehlmischung rühren. Das Ei hinzufügen, den Teig gut durchkneten und anschließend in die Form geben und gehen lassen.

4 Das Gewürzbrot 45 Minuten backen, die Temperatur nach der Hälfte der Backzeit auf 150 °C (130 °C Umluft) reduzieren.

5 Das Gewürzbrot aus der Form stürzen, auskühlen lassen und anschließend in Alufolie verpacken.

Orientalisches Gewürzbrot mit Zitronat

FÜR 4 BIS 6 PERSONEN
ZUBEREITUNG: 30 MINUTEN
BACKZEIT: 1 STUNDE
AM VORTAG ZUBEREITEN

125 g Roggenmehl
10 g Backpulver (2 TL)
125 g Honig
60 ml Milch
2 Eier
30 g Zitronat
3 Messerspitzen gemahlener Zimt
1 Messerspitze gemahlener Anis
1 Messerspitze geriebene Muskatnuss
1 Messerspitze gemahlene Gewürznelke
Butter für die Form

Außerdem
1 Kastenform (26 cm)

1. Den Backofen auf 160 °C (140 °C Umluft) vorheizen.
2. Das Mehl mit dem Backpulver in eine Schüssel sieben und in die Mitte eine Mulde drücken.
3. In einer kleinen Kasserolle den Honig auf 60 °C erhitzen (damit er sich gut auflöst) und in die Mulde gießen.
4. Die Milch mit den Eiern verrühren, zum Mehl geben und die Zutaten mit dem Schneebesen zu einem glatten, weichen Teig verrühren.
5. Das fein gewürfelte Zitronat und die Gewürze hinzufügen und den Teig nochmals durchrühren.
6. Ein Stück Backpapier mit Butter einfetten und eine Kastenform damit auskleiden. Die Form zur Hälfte mit dem Teig füllen und das Gewürzbrot 1 Stunde backen.
7. Das Gewürzbrot anschließend aus der Form stürzen und in ein Tuch wickeln. Das Brot erst einen Tag nach dem Backen genießen, es ist dann weicher. Sollten Sie es länger aufbewahren wollen, am besten in Frischhaltefolie verpacken.

Das Brot passt ausgezeichnet zum kalten Käsefondue (s. S. 39), aber auch die kalten süßen Fondues (s. S. 110 und 112), sind eine fabelhafte Kombination.

Schokoladen-Madeleines

Passt zu allen Schokoladenfondues und zum Englischen Sommerfondue (s. S. 106 bis 112).

ERGIBT 12 STÜCK
ZUBEREITUNG: 15 MINUTEN
BACKZEIT: 15 MINUTEN
RUHEZEIT: 1 STUNDE

150 g Zartbitterschokolade
1 EL Honig
200 g Butter
80 g Mehl
200 g Puderzucker
80 g gemahlene Mandeln
6 Eiweiß
Butter für die Form

Außerdem

eine Madeleine-Form

1. Die Schokolade mit dem Honig im Wasserbad schmelzen und abkühlen lassen.
2. Die Butter bei geringer Hitze in einer kleinen Kasserolle erhitzen, bis sie braun wird. Anschließend beiseitestellen.
3. Das Mehl mit dem Puderzucker und den gemahlenen Mandeln in eine Schüssel sieben.
4. Das Eiweiß schlagen und mit der Mehlmischung, der braunen Butter und der Schokolade zu einem glatten Teig verrühren.
5. Den Teig 1 Stunde im Kühlschrank ruhen lassen.
6. Den Backofen auf 180 °C (160 °C Umluft) vorheizen.
7. Den Teig auf die gefettete Förmchen verteilen.
8. Die Madeleines 10–15 Minuten backen.

Mokka-Walnuss-Madeleines

Servieren Sie die Mokka-Walnuss-Madeleines zu allen Schokoladenfondues.

ERGIBT ETWA 24 STÜCK
ZUBEREITUNG: 15 MINUTEN
BACKZEIT: 10 MINUTEN

3 Eier
1 Prise Salz
150 g Zucker
75 g Butter
100 g Walnusskerne
1 TL Instant-Kaffeepulver
150 g Mehl
1/2 Päckchen Backpulver
Butter und Mehl für die Form

Außerdem
eine Mini-Madeleine-Form

1. Den Backofen auf 200 °C (180 °C Umluft) vorheizen.
2. Die Eier in der Küchenmaschine mit dem Salz und dem Zucker schaumig schlagen.
3. Die Butter im Wasserbad zerlassen.
4. Die Walnusskerne in der Küchenmaschine grob hacken und mit dem Kaffeepulver, dem gesiebten Mehl, der zerlassenen Butter und dem Backpulver unter die Eiermasse rühren.
5. Die Mulden der Madeleine-Form mit Butter einfetten und mit Mehl ausstäuben und zu je zwei Dritteln mit dem Teig füllen.
6. Die Madeleines 8–10 Minuten backen.

Mini-Madeleines mit Honig

Die Mini-Madeleines passen zu allen süßen Fondues.

ERGIBT ETWA 36 STÜCK
ZUBEREITUNG: 10 MINUTEN
BACKZEIT: 10 MINUTEN
RUHEZEIT: 1 STUNDE

100 g gemahlene Mandeln
250 g Puderzucker
100 g Mehl
8 Eiweiß
250 g Butter
2 EL Honig
Butter für die Form

Außerdem
eine Mini-Madeleine-Form

1. Die gemahlenen Mandeln, den Puderzucker und das Mehl in der Küchenmaschine mischen, anschließend nach und nach die Eiweiß unterrühren.
2. Die Butter bei geringer Hitze in einer kleinen Kasserolle erhitzen, bis sie braun wird, und zu der Mehlmischung geben. Die Zutaten so lange verrühren, bis ein glatter Teig entstanden ist. Zum Schluss den Honig einrühren.
3. Den Teig 1 Stunde im Kühlschrank ruhen lassen.
4. Den Backofen auf 210–220 °C (190–200 °C Umluft) vorheizen.
5. Die Mulden der Madeleine-Form mit Butter einfetten und je zu zwei Dritteln mit dem Teig füllen.
6. Die Madeleines etwa 10 Minuten backen und anschließend aus der Form stürzen.

Madeleines mit getrockneten Tomaten und Parmesan

Servieren Sie diese Madeleines zum Tomaten-Käse-Fondue (s. S. 102) und natürlich zu den traditionellen Käsefondues.

ERGIBT 20 STÜCK
ZUBEREITUNG: 15 MINUTEN
BACKZEIT: 20 MINUTEN
RUHEZEIT: 2 STUNDEN

80 g Butter
100 ml Milch
3 Eier
7 getrocknete Tomaten in Öl (aus dem Glas)
2 EL Olivenöl
1/4 Päckchen Backpulver
150 g Mehl
1 gehäufter TL zerkrümelter getrockneter Thymian
70 g geriebener Parmesan
Salz und frisch gemahlener Pfeffer

Außerdem
eine Madeleine-Form

1 Die Butter bei geringer Hitze in einer Kasserolle zerlassen, etwas abkühlen lassen und mit der Milch verrühren.

2 Die Eier kräftig mit dem Schneebesen verrühren.

3 Die getrockneten Tomaten mit der Schere in kleine Stücke schneiden.

4 Die Eier mit der Milch und dem Olivenöl verrühren. Anschließend die Tomatenwürfel, Backpulver, Mehl, Thymian und Parmesan untermischen und mit Salz und Pfeffer abschmecken.

5 Den Teig in die gefetteten Mulden füllen und 2 Stunden im Kühlschrank ruhen lassen.

6 Den Backofen auf 180 °C (160 °C Umluft) vorheizen. Die Madeleines 20 Minuten backen, aus der Form stürzen und auskühlen lassen.

FÜR 4 PERSONEN
ZUBEREITUNG: 30 MINUTEN
RUHEZEIT: 30 MINUTEN
BACKZEIT: 5–10 MINUTEN

100 g weiche Butter
400 g Mehl
2 Eier
100 g Zucker
2 EL gemahlener Zimt
3 EL Milch
Öl zum Frittieren (z. B. Traubenkernöl)

Zimtkugeln

Die Zimtkugeln passen zu allen süßen Fondues.

1 Das Mehl in eine große Schüssel sieben und in die Mitte eine Mulde drücken. Die Eier hineinschlagen, die weiche Butter, 80 g Zucker und den Zimt dazugeben. Nach und nach die Milch angießen und dabei ständig mit einem Spatel rühren, bis ein glatter Teig entstanden ist. Den Teig 30 Minuten im Kühlschrank ruhen lassen.

2 In den angefeuchteten Handflächen kleine Kugeln aus dem Teig formen und im sehr heißen Öl goldgelb ausbacken. Anschließend auf Küchenpapier abtropfen lassen. Abkühlen lassen und im restlichen Zucker wälzen.

3 Der Zimt kann durch Vanille oder Kokosraspeln ersetzt werden.

Knusprig karamellisierte Waffeln

Die Waffeln zum Milchfondue mit grünem Tee (s. S. 114) oder Weinfondue (s. S. 115) servieren.

FÜR 4 PERSONEN
ZUBEREITUNG: 20 MINUTEN
BACKZEIT: 4 MINUTEN PRO WAFFEL

3 Eier
250 g Sahne
80 ml Milch
20 g Zucker
2 g Salz
150 g Mehl
Butter für die Form
Puderzucker zum Bestäuben

Außerdem
ein Waffeleisen

1 Die Eier trennen und die Eiweiß zu festem Schnee schlagen.

2 Die Sahne mit dem Schneebesen kräftig mit der Milch, den Eigelb, Zucker und Salz verrühren. Die Flüssigkeit vorsichtig auf das Mehl gießen und dabei ständig rühren, damit sich keine Klümpchen bilden.

3 Sobald ein glatter Teig entstanden ist, den Eischnee unterheben und alles mit einem Spatel verrühren.

4 Das Waffeleisen vorheizen und mit Butter einfetten.

5 Beim Backen darauf achten, dass die Waffeln nicht zu trocken werden, denn sie werden ja anschließend noch mit Puderzucker bestäubt und einige Sekunden unter dem Backofengrill karamellisiert.

Gewürz-Bricelets

Bricelets, eine schweizer Spezialität, sind sehr dünne Waffeln, die in einem speziellen Bricelet-Eisen gebacken werden. Servieren Sie sie zum Milchfondue mit grünem Tee (s. S. 114) oder zum Weinfondue (s. S. 115).

FÜR 4 PERSONEN
ZUBEREITUNG: 15 MINUTEN
BACKZEIT: 2 MINUTEN PRO BRICELET
RUHEZEIT: 30 MINUTEN

200 g weiche Butter
125 ml Wasser
300 g Mehl
Salz
2 EL Mohn
2 EL Kreuzkümmel

Außerdem
ein Waffeleisen

1 Die Butter in einer Schüssel mit dem Schneebesen cremig rühren. Das lauwarme Wasser darübergießen und kräftig mit dem Schneebesen schlagen.

2 Das Mehl und eine Prise Salz hinzufügen und die Zutaten nochmals verrühren.

3 Den Teig in zwei Portionen teilen. Unter die eine Hälfte den Mohn, unter die andere den Kreuzkümmel mischen. Den Teig anschließend 30 Minuten bei Zimmertemperatur ruhen lassen.

4 Das Waffeleisen vorheizen. Einen kleinen Schöpflöffel Teig auf das Waffeleisen schöpfen, das Eisen verschließen und den Bricelet 1–2 Minuten backen. Anschließend vorsichtig mithilfe eines Spatels herausnehmen, auf eine Platte legen und vollständig auskühlen lassen. Den Vorgang so lange wiederholen, bis der Teig aufgebraucht ist.

Saucen

Cocktailsauce

Die Cocktailsauce passt zu allen Fleischfondues.

FÜR 4 BIS 6 PERSONEN
ZUBEREITUNG: 10 MINUTEN

- 2 Schalotten
- 100 ml Weißwein
- 150 g Mayonnaise
- 1 TL scharfer Senf
- 1 1/2 EL Ketchup
- 4 Tropfen Tabasco
- 4 Tropfen Worcestersauce
- 1 EL Weißweinessig
- 2 EL Cognac
- 1 EL fein geschnittener Estragon
- Salz und Cayennepfeffer

1 Die Schalotten schälen und fein hacken. Mit dem Weißwein in einen Schmortopf geben und bei geringer Hitze so lange kochen, bis die Flüssigkeit vollständig verdunstet ist. Anschließend abkühlen lassen.

2 Die Mayonnaise mit Senf, Ketchup, Tabasco, Worcestersauce, Essig und Cognac in eine Schüssel geben und die Zutaten kräftig mit dem Schneebesen verrühren. Die Schalotten und den Estragon hinzufügen und mit Salz und Cayennepfeffer abschmecken.

Erdnusssauce

Die Erdnusssauce passt zu allen Fleischfondues, besonders gut zum Fondue Meer und Erde (s. S. 65).

FÜR 4–6 PORTIONEN
ZUBEREITUNG: 5 MINUTEN

- 100 g chrunchy Peanutbutter
- 5 EL Wasser
- 1 TL gemahlener Koriander
- 3 EL Sojasauce
- 1 Msp. Chilipulver
- 2 EL Zitronensaft
- 1 EL Rohrzucker

1 Erst die Peanutbutter mit den flüssigen Zutaten sehr kräftig verrühren, bis eine cremige Konsistenz erreicht ist. Dann die restlichen Zutaten unterrühren.

Feigen-Trauben-Chutney

Dieses Chutney passt besonders gut zu den Ravioli mit Foie gras in Geflügelbrühe (s. S. 59).

FÜR 4 BIS 6 PERSONEN
ZUBEREITUNG: 10 MINUTEN
KOCHZEIT: 35 MINUTEN

- 1 rote Zwiebel
- 1 EL Olivenöl
- 1 TL gemahlener Ingwer
- 1 TL Vier-Gewürze-Pulver*
- 500 ml Weinessig
- 1 EL Salz
- 400 g Rohrohrzucker
- 1 TL Chilipaste
- 500 g violette Feigen
- 500 g weiße Trauben
- 1 Apfel
- 100 g Sultaninen

1 Die Zwiebel fein würfeln und mit dem Ingwer und dem Vier-Gewürze-Pulver in einem Schmortopf in etwas Olivenöl anbraten.

2 Essig, Salz, Zucker und die Chilipaste hinzufügen und das Ganze 5 Minuten einkochen lassen.

3 Inzwischen die ungeschälten Feigen, die Weintrauben und den Apfel in Würfel schneiden. Das Obst in den Schmortopf geben und alles 20 Minuten bei geringer Hitze köcheln lassen.

4 Zum Schluss die Sultaninen dazugeben und das Chutney weitere 10 Minuten köcheln lassen.

5 Das Chutney in ein Schraubglas füllen, abkühlen lassen und im Kühlschrank aufbewahren. Das Chutney ist zwei Wochen haltbar.

Ingwersauce

Diese Ingwersauce passt besonders gut zum Fondue Meer und Erde (s. S. 65) und zum Chinesischen Fischfondue (s. S. 80).

FÜR 1 PORTION
ZUBEREITUNG: 5 MINUTEN

etwa 3 cm Ingwer
50 ml Reis- oder Weißweinessig

1 Ingwer schälen, fein reiben und mit 100 ml Reis- oder Weißweinessig verrühren.

Knoblauchsauce

Diese Knoblauchsauce passt besonders gut zum Chinesischen Fischfondue (s. S. 80) und zum Fondue Meer und Erde (s. S. 65)

FÜR 1 PORTION
ZUBEREITUNG: 5 MINUTEN

2 EL chinesische Sojasauce
2 EL Erdnussöl
1 fein gehackte Knoblauchzehe
etwas fein geschnittener Schnittlauch

1 Alle Zutaten sorgfältig miteinander verrühren.

Mayonnaise

FÜR 4 BIS 6 PERSONEN (ETWA 300 g)
ZUBEREITUNG: 7 MINUTEN

2 Eigelb
Salz und frisch gemahlener Pfeffer
einige Tropfen weißer Balsamico oder
Zitronensaft
Senf nach Geschmack
etwa 250 ml Olivenöl

1 Für die Mayonnaise die Eigelb kräftig mit Salz, Pfeffer, Balsamico oder Zitronensaft und Senf mit dem Schneebesen verschlagen, dann immer weiterschlagen und dabei langsam das Olivenöl in einen dünnen Strahl einlaufen lassen. Noch mal abschmecken und beiseitestellen.

Kräutermayonnaise

Die Kräutermayonnaise passt besonders gut zum Fleischfondue mit Gemüse (s. S. 70), den Geflügelpäckchen (s. S. 73) sowie den Rindfleischpäckchen (s. S. 75).

FÜR 4 BIS 6 PERSONEN
ZUBEREITUNG: 10 MINUTEN

3 hart gekochte Eier
1/2 TL weißer Senf*
2 EL Weinessig
Salz und Pfeffer
250 ml Olivenöl
50 g Kapern
50 g Cornichons
2 EL frische Kräuter (Petersilie, Estragon)

1 Die Eier halbieren. Die Eigelb herausnehmen und in einer Schüssel zu einer glatten Paste zerdrücken. Senf, Essig, Salz und Pfeffer hinzufügen und das Öl, zunächst tropfenweise und dann in einem feinen Strahl, unter laufendem Rühren einlaufen lassen.

2 Sobald eine dickflüssige, glänzende Sauce entstanden ist, die Kapern, die gehackten Cornichons, die Kräuter und die Hälfte des fein geschnittenen Eiweiß hinzufügen.

Meerrettichsahne

Die Meerrettichsahne passt besonders gut zum Fleischfondue mit Gemüse (s. S. 70), den Geflügelpäckchen (s. S. 73) sowie den Rindfleischpäckchen (s. S. 75).

FÜR 4 BIS 6 PERSONEN
ZUBEREITUNG: 10 MINUTEN

250 g Sahne

2 EL geriebener Meerrettich

Salz und Pfeffer

1 Die Sahne schlagen, den Meerrettich unterheben und mit Salz und Pfeffer würzen.

Pistou

Pistou, die französische Variante des italienischen Pesto, passt zu allen Fischfondues.

FÜR 4 BIS 6 PERSONEN
ZUBEREITUNG: 2 MINUTEN

1 Bund Basilikum

3 Knoblauchzehen

50 g Pinienkerne

50 ml Olivenöl

Salz und Pfeffer

1 Basilikumblätter abzupfen und Knoblauch schälen. Pinienkerne trocken in einer Pfanne anrösten.

2 Sämtliche Zutaten, bis auf das Olivenöl, in den Mixer geben. Unter Rühren langsam das Öl einlaufen lassen, bis eine dicke Creme entstanden ist.

Sauce Béarnaise

Die Sauce Béarnaise wird traditionell zum Fondue Bourguignonne (s. S. 42) serviert, passt aber natürlich zu allen Fleischfondues.

FÜR 4 BIS 6 PERSONEN
ZUBEREITUNG: 15 MINUTEN

250 g Butter

100 ml Estragonessig

5 Schalotten

2 EL fein geschnittener Estragon

1/2 TL gestoßener Pfeffer

3 Eigelb

Salz

1 TL fein geschnittener Kerbel

1 Die Butter im Wasserbad zerlassen. Abschäumen und vorsichtig in eine Schüssel umfüllen, damit die Molke im Topf zurückbleibt. Die Butter anschließend warm halten.

2 Ein zweites Wasserbad vorbereiten (das Wasser sollte gerade nur sieden).

3 Den Essig mit den fein gehackten Schalotten, der Hälfte des Estragons und dem Pfeffer in einem kleinen Topf bei geringer Hitze einkochen lassen.

4 Den Topf vom Herd nehmen und die Mischung etwas abkühlen lassen. Anschließend die Eigelb und 4 Esslöffel kaltes Wasser mit dem Schneebesen unterschlagen.

5 Den Topf in das Wasserbad stellen und die Sauce langsam mit dem Schneebesen aufschlagen, bis sie dick und cremig wird. Den Topf aus dem Wasserbad nehmen, die Sauce mit Salz abschmecken und die geklärte Butter, die Schalotten, den Kerbel und den restlichen Estragon unterrühren.

Sauce Vierge auf bretonische Art

Passt vorzüglich zum Bretonischen Fondue (s. S. 44).

FÜR 4 BIS 6 PERSONEN
ZUBEREITUNG: 10 MINUTEN
KOCHZEIT: 30 MINUTEN

3 Tomaten

2 Knoblauchzehen, geschält

2 EL gehackte glatte Petersilie

1 EL gehackter Estragon

12 Korianderkörner, zerstoßen

15–20 g Nori-* oder Meersalatflocken

100 ml Olivenöl

1 Die Stielansätze der Tomaten herausschneiden. Die Tomaten einige Sekunden in kochendes Wasser legen, in eiskaltem Wasser abschrecken und häuten. Die Tomaten halbieren und die Kerne und die Flüssigkeit vorsichtig herauspressen. Das Fruchtfleisch anschließend fein würfeln.

2 Sämtliche Zutaten bei sehr geringer Hitze etwa 30 Minuten in einer Kasserolle erwärmen und dabei gelegentlich umrühren.

3 Die Sauce Vierge kann man lauwarm oder kalt genießen.

Thai-Currysauce

Die Currysauce passt zu allen Fisch- und allen asiatischen Fondues.

FÜR 4 BIS 6 PERSONEN
ZUBEREITUNG: 2 MINUTEN

2 TL rote Currypaste

200 ml cremige Kokosmilch

einige Spritzer Fischsauce

einige Spritzer Orangen- oder Ananassaft

1 Die Currypaste in einer Schüssel mit einem Schneebesen kräftig mit der Kokosmilch verrühren.

2 Mit Fischsauce und Obstsäften nach Belieben abschmecken.

Tomaten-Coulis

Das Tomaten-Coulis zum Thunfischfondue (s. S. 49) servieren.

FÜR 4 BIS 6 PERSONEN
ZUBEREITUNG: 20 MINUTEN
KOCHZEIT: 25 MINUTEN

300 g Tomaten
3 TL Olivenöl
1 Schalotte, gehackt
1 Knoblauchzehe, ungeschält
1 TL Tomatenmark
1 kleines Kräutersträußchen
200 ml Geflügelbrühe (aus gekörnter Brühe)
Salz und Pfeffer

1 Die Stielansätze der Tomaten herausschneiden. Die Tomaten einige Sekunden in kochendes Wasser legen, in kaltem Wasser abschrecken und die Schale abziehen. Die Tomaten halbieren. Die Kerne und die Flüssigkeit vorsichtig herausdrücken.

2 Das Olivenöl in einer Kasserolle erhitzen, die Schalotte und die zerdrückte Knoblauchzehe bei geringer Hitze darin anschwitzen, ohne dass sie Farbe annehmen. Die Tomaten, das Tomatenmark, das Kräutersträußchen und die Brühe hinzufügen und das Ganze bei mittlerer Hitze zugedeckt etwa 20 Minuten kochen lassen.

3 Das Kräutersträußchen herausnehmen, die Sauce im Mixer pürieren und mit Salz und Pfeffer abschmecken. Sollte das Coulis zu dünn sein, noch einmal etwas einkochen und eindicken lassen.

Zitronensauce mit Kapern

Passt ebenfalls zu allen Fischfondues und ganz besonders gut zum Thunfischfondue (s. S. 49).

FÜR 4 BIS 6 PERSONEN
ZUBEREITUNG: 15 MINUTEN
RUHEZEIT: 2 STUNDEN

2 Zitronen
2 Schalotten
60 g Kapern
50 ml Olivenöl
Salz und Pfeffer

1 Die Zitronen schälen und in Spalten zerteilen. Die Spalten klein schneiden und den Saft dabei auffangen.

2 Die Schalotten schälen und fein schneiden.

3 In einer Schüssel Schalotten, Kapern, Zitronenstückchen, Olivenöl und Zitronensaft miteinander verrühren. Mit Salz und Pfeffer abschmecken.

4 Die Sauce vor dem Servieren 2 Stunden durchziehen lassen.

Saucen für den mongolischen Feuertopf

Eiersauce

FÜR 1 PORTION
ZUBEREITUNG: 1 MINUTE

1 Ei

1 TL Bouillon

einige Tropfen Reisessig

1 Das Ei verquirlen und mit der Bouillon und einigen Tropfen Reisessig verrühren.

Ingwersauce

FÜR 1 PORTION
ZUBEREITUNG: 4 MINUTEN

2 TL chinesische Sojasauce

1 TL Reisessig

1 TL Ingwer, gehackt oder 1 Msp. Ingwer, gemahlen

1 Prise Zucker

1 Die Sojasauce mit dem Reisessig, dem Ingwer und dem Zucker verrühren.

Knoblauchsauce

FÜR 1 PORTION
ZUBEREITUNG: 2 MINUTEN

4 Knoblauchzehen, fein gehackt

etwas Reisessig

einige Tropfen Sojasauce

etwas Chilipulver

1 Den Knoblauch mit dem Reisessig und einigen Tropfen Sojasauce verrühren und nach Belieben mit Chili abschmecken.

Mongolische Sauce, mild

FÜR 1 PORTION
ZUBEREITUNG: 1 MINUTE

1 EL Bouillon

1EL Ketchup

1 EL Austernsauce

1 Bouillon mit dem Ketchup und der Austernsauce verrühren.

Mongolische Sauce, scharf

FÜR 1 PORTION
ZUBEREITUNG: 2 MINUTEN

1 EL Chilisauce

1 EL Bouillon

1 TL Ingwer, gerieben

2 Knoblauchzehen, fein gehackt

1 Chilisauce mit derBouillon, dem Ingwer und dem Knoblauch verrühren.

Sesamsauce

FÜR 1 PORTION
ZUBEREITUNG: 4 MINUTEN

2 EL Sesam

2 Prisen Meersalz

3 EL Reis- oder Sherryessig

1 EL chinesische Sojasauce

1 TL Sesamöl

etwas Chilipulver

1 Den Sesam mit dem Meersalz in der Pfanne rösten, bis der Sesam goldbraun ist. Dann mit dem Reis- oder Sherryessig, der Sojasauce, dem Sesamöl und etwas Chilipulver verrühren.

Anhang

Register nach Jahreszeiten

Winterfondues, vor dem Kamin zu genießen

Zu jeder Jahreszeit zu empfehlen

Sommerfondues, auf der Terrasse zu genießen

Gruppenregister

Kartoffeln, Nudeln, Reis, Tofu

Saucen

Brot und Gebäck zum Tunken

Alphabetisches Register

Kleine Warenkunde

Abondance: franz. Käse aus roher Kuhmilch mit einem Fettgehalt von 48 %. Er hat einen feinen, nussigen Geschmack und wird seit dem 14. Jahrhundert in Savoyen hergestellt.

Apremont: leichter fruchtiger Weißwein aus Savoyen.

Beaufort: franz. Hartkäse aus roher Kuhmilch mit einem Fettgehalt von 48–55 %. Der Beaufort hat einen nussigen, fruchtigen Geschmack. Mit zunehmender Reife entwickelt er ein volleres, reicheres Aroma.

Bonitoflocken: getrockneter und geräucherter Bonito (Thunfisch), der mit einem Hobel zu dünnen Flocken verarbeitet wird. Bonitoflocken sind ein Hauptbestandteil des japanischen Fischsuds Dashi, werden aber auch einfach zum Würzen verwendet.

Brie de Meaux: französischer AOC-Weichkäse aus Kuhmilch mit butter-gelbem, weichem Teig und weißer bis cremefarbener Oberfläche. Brie de Meaux hat einen frischen, pilzartigen Geschmack und einen Fettgehalt von 45%.

Brie de Melun: franz. AOC-Weichkäse aus Kuhmilch mit einen Fettgehalt von 45% und geschmeidig-elastischem Teig.

Comté: franz. Hartkäse aus Kuhmilch mit buttrig-fruchtigem Geschmack und einem Fettgehalt von 45%.

Crème double kann durch Sauerrahm (nicht zu verwechseln mit saurer Sahne) ersetzt werden. In der französischen Originalausgabe dieses Buches wird statt Crème double immer Crème fraîche épaisse verwendet, die bei uns allerdings kaum zu bekommen ist.

Enokitake-Pilz: japanischer Name des Samtfußrüblings; honiggelber Speisepilz mit zartem, weißem oder blassgelbem Fleisch, der mit zunehmendem Alter zäher wird. Samtfußrüblinge sind die weltweit am häufigsten kultivierten Speisepilze.

Époisses: AOC-Kuhmilchkäse aus dem Burgund mit weichem Teig und sehr intensivem Geschmack und Geruch. Der Époisses hat einen Fettgehalt von etwa 50 %. Beim Époisses au Marc de Champagne wird die Rinde mit Marc de Champagne gewaschen.

Fendant: Schweizer Weisswein aus der Wallis. Er ist bekannt für seine Fruchtigkeit und ist ausgesprochen süffig. Er gilt als der typische Käsefondue- und Raclette-Wein.

Fleur de sel gilt als eine der besten Salzsorten. Es handelt sich dabei um die auf der Wasseroberfläche entstehenden Salzkristalle, die in den Salzgärten der Bretagne von Hand abgelesen werden.

Fontina: aromatischer italienischer Rohmilchkäse aus dem Aostatal mit einem Fettgehalt von 45–50%. Reifer Fontina wird gerieben und wie Parmesan verwendet.

Genueser Brot: schweres Biskuitgebäck mit gemahlenen Mandeln; wird einer speziellen flachen Form gebacken.

Gewürzsumach (Färberbaum): Gemahlener Sumach wird als rotes Pulver angeboten. Es hat einen säuerlichen Geschmack und wird vorzugsweise zum Würzen von Geflügelfarcen, Fisch- und Linsengerichten verwendet.

Glasschmalz, auch Queller genannt, ist eine Gattung aus der Familie der Fuchsschwanzgewächse. Diese Salzpflanze wächst auf Schlick oder Sand der Meeresküsten. Sie ist wohlschmeckend und recht salzig.

Kombu ist essbarer Seetang und wird gewöhnlich getrocknet verkauft.

Livarot: aromatischer französischer Weichkäse aus Kuhmilch mit ausgeprägtem Geschmack und einem Fettgehalt von 40–45%.

Marc de Bourgogne ist wie Grappa ein Tresterbrand (Rückstände von Früchten, die beim Entsaften anffallen). Er ist im Holzfass gereift.

Nori: wichtigste Algenart in der japanischen Küche. Nori ist die kulinarische Bezeichnung für getrocknete, geröstete, dunkelgrüne, papierartige Blätter aus Meeresalgen.

Pont-l'Évêque: Weichkäse aus der Normandie aus roher oder pasteurisierter Kuhmilch mit kräftig-erdigem Geschmack und einem Fettgehalt von 45–50%.

Reblochon: eine Spezialität aus Savoyen, cremig-milder Butterkäse aus Kuhmilch mit einem Fettgehalt von 50 %. Reblochon wird meist mit der Rinde gegessen.

Saint-Florentin: würziger franz. Kuhmilch-Frischkäse mit einem Fettgehalt von 50%. Saint-Florentin wird im Handel meist in Form von flachen, runden Scheiben angeboten.

Tamié: Kuhmilchkäse aus Savoyen mit einem Fettgehalt von etwa 50 % und ausgeprägt milchigem Geschmack.

Vacherin: Name verschiedener Halbweichkäse aus Frankreich und der Schweiz mit sahnig-mildem Geschmack und einem Fettgehalt von 45–50%. Vacherin wird häufig direkt aus der Schachtel gelöffelt. Vacherin d'Abondance wird in flachen Fladen in Schachteln angeboten und hat einen milden, mürben oder flüssigen Teig.

Vier-Gewürze-Pulver (Quatre-épices): Gewürzmischung aus gemahlenem Pfeffer, Muskatnuss, Nelke und Zimt.

Weißer Senf: Senfspezialität aus dem Elsass (Moutarde d'Alsace), die aus weißen Senfkörnern hergestellt wird. Weißer Senf hat eine gelbe Farbe und ist relativ mild.

Danksagung

Arlette Sirots Dank geht an

Françoise Nicol und Julie Schwob, »die meine Rezepte in so prachtvolle Bilder umgesetzt haben, dass den Lesern das Wasser im Munde zusammenläuft und Lust darauf macht, ihre Gäste auch einmal mit Fondues zu überraschen. Die Vorzüge des Reisens (sie formen den jungen Menschen ...) werden oft gepriesen, und auch beim Kochen und Genießen kann man sich auf Reisen begeben, kann mit diesen ungewöhnlichen Rezepten der verschiedensten Gegenden bei Tisch eine Entdeckungsreise durch die Küchen der Welt machen!«

Julie Schwobs herzlicher Dank gilt folgenden Personen und Firmen:

Arlette! Für ihr Vertrauen! · Françoise für ihre herrlichen Bilder und ihren wunderbaren Humor! · Sophie für ihre unermüdliche Unterstützung und ihre Schnellkurse! · Marie-France Munoz von der Firma Staub für die herrlichen Stielkasserollen, Fonduetöpfe, Woks, Schmortöpfe etc.! · der Firma Kimonoya für das schöne japanische Geschirr! · dem Pressedienst der Firma Habitat für das tolle Geschirr. · Patricia für ihren wunderbaren gesprenkelten Fonduetopf! · und natürlich Mr. Grizzly!